SHODENSHA
SHINSHO

仏像はここを見る

――鑑賞なるほど基礎知識

瓜生　中

祥伝社

はじめに

日本人が仏像に美術的、文化財的な価値を認めるようになったのは明治以降のことである。明治十七年（一八八四）、後の東京美術学校（現東京芸術大学）校長の岡倉天心《おかくらてんしん》とアメリカの美術研究家フェノロサが奈良の法隆寺を訪れ、調査を行なった。

このときの最大の発見は、夢殿《ゆめどの》の本尊・救世観音《くせかんのん》（飛鳥《あすか》時代・国宝）である。この仏像は長いあいだ絶対秘仏とされ、法隆寺の僧侶すらその姿を拝することを許されていなかった。天心とフェノロサが、厨子《ずし》の中に厳重に保管されたこの仏像を拝することを希望したとき、僧侶たちは頑《かたく》なに反対したという。

この仏像には、鎌倉時代に模像《もぞう》（レプリカ）を造った仏師が急死したという言い伝えがある。以来、この仏像を拝すると災いが降りかかると恐れられ、厨子の扉を開けることはタブーとされてきた。それで、僧侶たちは開扉に激しく抵抗したのである。しかし、天心とフェノロサの熱心な説得の結果、ついに扉が開かれることになった。千年余りの眠りから覚めて姿を現わした仏像は、像高一八〇センチに達する見事なものだった。天心とフェノロサは驚嘆の声をあげたという。

仏像が美術品、文化財として再認識された瞬間だった。以来、仏像には信仰の対象としての価値に、さらに美術的、芸術的、文化財的な価値が加わった。その後、和辻哲郎《わつじてつろう》が『古寺《こじ》巡礼《じゅんれい》』の中で仏像をさまざまな視点から鑑賞して、その魅力を引き出してみせた。和辻の同書を一つのスタンダードとして、いわゆる仏像鑑賞というジャンルができ上がったといってもいいだろう。

近年、そんな仏像鑑賞が静かなブームになっている。奈良、京都を中心に各地の寺院に仏像を訪ねて歩く人も多い。しかし、仏像の種類は多く、その姿もさまざまで、若干の基礎知識がないと、なかなか見分けがつかないものもある。小著は仏像鑑賞の基礎知識を中心に、鑑賞に際しての疑問点に答えることを目的にしている。新書判という手軽さから、仏像鑑賞のときに携行しても結構だし、精読してから鑑賞しても良い。小著を手がかりに、読者のみなさんの仏像鑑賞をより魅力的なものにすることができれば幸いである。

平成十七年秋

瓜生《うりゅう》　中《なか》

仏像はここを見る＊目次

第二章　さまざまな仏像の誕生

第三章
仏像の種類&プロフィール

第四章　仏像の特徴と見分け方

第五章 仏像の顔と形の見方

第六章　「印《いん》」と「持物《じもつ》」から何が分かるか

第七章　光背と台座、座法と姿勢

第八章　仏像の御利益《ごりやく》には、どんなものがあるか

第九章　仏像にまつわる伝説とエピソード

●本文イラスト――奥田志津男
●写真提供――東京国立博物館
●編集協力――（株）元気工房

プロローグ
仏像の世界へようこそ

❖早わかり、主要な仏像とその姿

仏像には実にさまざまな種類がある。これを基本的なパターンによって如来《にょらい》（仏《ぶつ》）、菩薩《ぼさつ》、明王《みょうおう》、天《てん》、羅漢《らかん》・高僧《こうそう》などに大別することができる。

まず、如来像は出家《しゅっけ》後の釈迦をモデルにしたものである。釈迦は王子として生まれたが、二九歳のときに地位や財産、係累など一切のものを捨てて、一枚の破れ衣だけを着て出家したと伝えられている。このことから、如来像は一枚の衣だけを身に着けて、装飾品や宝冠《ほうかん》などは一切身に着けないのが原則である。

大乗仏教では釈迦以外にも阿閦《あしゅく》如来、薬師《やくし》如来、阿弥陀《あみだ》如来など、さまざまな如来の存在が考え出された。これらの如来像はいわゆる「如来の通相《つうそう》」といわれ、みな衣一枚だけをまとった共通の姿に造られる。

また、時代が下って大乗仏教がさらなる発展を遂げると、釈迦如来の根元としての毘盧舎《びるしゃ》那《な》如来（仏）が考え出された。奈良の大仏が毘盧舎那如来の代表だ。さらに、七世紀ごろに密教《みっきょう》が成立すると、宇宙の根元で、すべての仏、菩薩を統括する大日《だいにち》如来が生み出された（第二章六〇ページを参照）。このような、とてつもなく壮大なスケールを持つ大日如来は、他の如来とは姿も異なると考えられた。そこで、大日如来だけは菩薩のように宝冠をかぶり、きらびやかな装身具を身につけている。

つぎに菩薩は、もともと釈迦の前生での修行時代の呼称で、釈迦が出家する前の姿をモデルにしている。このため、きらびやかな装飾品や宝冠を身につけた、王子としての裕福な姿に造られるのが原則である。とくにガンダーラで造られた初期の菩薩像は、当時の王侯貴族の風俗がそのまま表わされている。

時代が下って、大乗仏教の時代になると、菩薩は如来の衆生救済《しゅじょう》の手伝い（補佐）をすると考えられるようになり、弥勒菩薩《みろくぼさつ》をはじめとして、文殊《もんじゅ》菩薩、普賢《ふげん》菩薩、観音《かんのん》菩薩、地蔵《じぞう》菩薩など、実に多種多様な菩薩が考え出された。これらの菩薩の中で、とくに多様な発展を遂げたのが観音菩薩である。基本形の聖《しょう》観音をはじめ、十一面観音や不空羂索《ふくうけんじゃく》観音、千手《せんじゅ》観音、馬頭《ばとう》観音などさまざまな観音菩薩が登場した。

さらに七世紀ごろに密教が興ると、明王の存在が考えられ、その像が造られるようになった。明王は密教の中心である大日如来の化身《けしん》である。仏教の教えをなかなか聞き入れようとしない深い煩悩《ぼんのう》を持った者を、すさまじい忿怒《ふんぬ》（怒り）の表情で、有無を言わさず説き伏せることを任務とする。

明王はもともとインドの神々だったものが、仏教に取り入れられたものである。したがって、その姿や性格にインドの神々の特徴を残してはいるが、後述する天とは異なり、密教思想に基づいて独自に造られたものである。日本では不動明王を中心として、降三世《ごうさんぜ》明王、金剛夜叉《こんごうやしゃ》明王、軍荼利《ぐんだり》明王、大威徳《だいいとく》明王の五大《ごだい》明王をはじめ、愛染《あいぜん》明王や孔雀《くじゃく》明王、大元帥《だいげんすい》明王など、さまざまな明王が見られる。

天は、インドで仏教が興るはるか以前から信仰されていた神々が、仏教に取り入れられたものである。梵天《ぼんてん》、帝釈天《たいしゃくてん》、弁才天《べんざいてん》などをはじめ、悪神や鬼畜などありとあらゆるものが天には含まれている。

これらはみな釈迦に諭《さと》されて仏教に帰依《きえ》し、如来や菩薩、明王などに仕えて仏教を護る役割を果たすものだ。梵天や帝釈天などのように、はじめから善神だったものもあれば、鬼子母神《きしもじん》や阿修羅《あしゅら》のように、もとは悪神だったものが釈迦に諭されて仏教に帰依し、その守護神となったものもある。

その他、いわゆる仏像に含まれるものとしては、羅漢や十大弟子《じゅうだいでし》、達磨大師《だるまだいし》などに代表される高僧像、さらには世界遺産に指定された吉野の金峯山寺《きんぷせんじ》にまつられている蔵王権現《ざおうごんげん》像など、実に多種多様なものがある。ちなみに、蔵王権現は日本古来の神とインドの仏が融合した神仏習合《しんぶつしゅうごう》の過程で生み出された、日本オリジナルの仏像である。

❖仏像にはランキングがある

前述したように、仏像は如来《にょらい》、菩薩《ぼさつ》、明王《みょうおう》、天《てん》（神々）、羅漢《らかん》・高僧《こうそう》などに大別することができる。そして、それぞれの仏像にはランキングとその役割が定められている。

まず、いちばん位が高いのが如来で、会社でいえば社長、あるいは経営権を持つ会長に当たる。二番目が菩薩で、会社でいえば重役だ。たとえば、釈迦三尊像では、中央にひときわ大きい釈迦如来像が立ち、その左（向かって右）に文殊《もんじゅ》菩薩、右に普賢《ふげん》菩薩が、阿弥陀三尊像の場合は、左に観音菩薩、右に勢至《せいし》菩薩が従う。社長（如来）の補佐役を務めるのが菩薩なのである。三尊像の場合、間違っても菩薩が中央に来て、如来が両脇に従うことはないのだ。

天は、会社でいえばガードマンである。たとえば、凄まじい形相で山門に立つ仁王のように、仏教に危害を及ぼしそうな外敵を撃退し、仏教とその信者を守ってくれるのである。そして、羅漢や高僧は部長や課長など、重役以外の幹部社員だ。

ここまでの説明で、この会社には何かが足りないと思っている方も多いだろう。そう、仏像を会社に配置すると平社員がいないのである。いくら、素晴らしい社長（如来）や重役（菩薩）がいても、またさらに優秀な幹部社員（羅漢・高僧など）がいて、屈強のガードマ

仏像のランキングと役割

社長	如来	釈迦如来 阿閦《あしゅく》如来 阿弥陀《あみだ》如来 薬師如来 毘盧舎那《びるしゃな》如来 大日如来 など
重役	菩薩	文殊菩薩 普賢菩薩 観音菩薩 勢至《せいし》菩薩 弥勒《みろく》菩薩 地蔵菩薩 など
ガードマン	天	梵天《ぼんてん》 帝釈天《たいしゃくてん》 四天王 吉祥天 弁才天 仁王 など
部課長	羅漢・高僧	羅漢 十大弟子 達磨《だるま》大師 鑑真《がんじん》和上 空海 最澄 など
平社員		衆生（すべての人々）
特命係（お父さん役）	明王	不動明王、降三世《ごうさんぜ》明王、軍荼利《くんだり》明王、金剛夜叉《こんごうやしゃ》明王、大威徳《だいいとく》明王（五大明王） 愛染《あいぜん》明王、孔雀《くじゃく》明王、馬頭《ばとう》明王、烏枢沙摩《うすさま》明王 など

▲如来

▲菩薩

▲明王

▲天

▲羅漢

▲高僧

ン（天）がいても、平社員がいなくては会社は成り立たない。これでは、いくら敏腕な社長も、その真価を発揮することができない。

しかし、そんな心配はご無用。この会社（仏教の世界）では、仏の教えを信じて生きる人間（仏教徒）が平社員なのである。そして、平社員も修行を積み、善行を重ねれば、いつの日か悟りを開いて菩薩や如来になることができるのである。

さて、最後に残ったのが明王だが、こちらは会社でいうと、やや特殊な役回りをする。というよりも、明王は家庭内での親子関係などの役割分担で考えた方が分かりやすいだろう。母親が優しく諭しても、言うことを聞かない子供には、父親がきびしく叱る。この父親の役割をするのが明王ということになる。

世の中には如来や菩薩が優しい顔で諭しても、正しい道に導くことができない、つまり、言うことを聞かない人が少なくない。そんな深い煩悩（欲望）を持った人に対して、有無を言わさず強引に教え諭すのが明王の役割なのである。

もっとも、最近では父親と母親の役回りは逆転している場合が多いかもしれない。いずれにしても強面《こわもて》が明王の特徴である。

第一章

仏像は、どのようにして造られたのか

❖仏像とは何か

仏像の「仏」は仏陀（ブッダ）の略である。いうまでもなく、仏像とは、仏陀の像という意味だ。ブッダとは、悟りを開いてそれを広めた人のことで、仏教の開祖である釈迦が最初のブッダである。

しかし、時代が下ると釈迦以外にも、阿弥陀如来《あみだにょらい》や薬師《やくし》如来などのようなさまざまな仏陀が考えられるようになり、さらには釈迦の修行時代を表わす菩薩《ぼさつ》の存在も考え出された。また、仏教が興る以前からインドの神話などで活躍していた神々も、仏教の守護神として加えられるようになった。さらに時代が下って七世紀ごろに密教が成立すると、不動明王をはじめとする、恐い顔をした明王像も登場してくる（第三章八六ページを参照）。

仏像を広い意味で捉えれば、これらの仏（如来）、菩薩、明王など、さらには五百羅漢《ごひゃくらかん》でお馴染みの羅漢像や、弘法大師や一休禅師などの姿を写した高僧像なども含む。しかし、狭義に捉えれば、仏陀の像、しかも釈迦如来の像だけを仏像ということになる。ただ、今日、一般にわれわれが仏像といった場合は、広い意味で捉えるのが普通である。

また、仏像を拝観するに当たって、忘れてはならない重要なことがある。それは、仏像は基本的には信仰の対象であって、芸術作品でもなければ、単なる美術工芸品や骨董《こっとう》品でもないということだ。

今から約二五〇〇年前に釈迦が仏教を創始し、その教えに従って、人々がきわめて長い時間をかけて救い主として作り上げてきたのが仏像なのである。だから、仏像の姿には人々がこういうふうに救ってほしいという切なる願いが込められている。たとえば、千手観音が多くの手を持っているのは、あらゆる手段で救済してほしいという人間の切実な願望の表われなのである。

▲千手観音

仏像は芸術家の自由な発想で造られるものではなく、その製作に関しては、仏教思想に基づく厳格な決まりがあることを忘れてはならない。そのような仏教思想を反映した決まりごとを守って造られるからこそ、仏像には信仰の対象としての無限の価値があるのだ。

❖仏像を拝観するときのマナー

近年は仏像美術という言葉が示すように、仏像を美術的な観点から鑑賞しようというのが静かなブームになっている。しかし、前項でも述べたように、仏像はあくまでも信仰の対象で、今も観音霊場などには、あくまでも信仰の対象としての仏像を拝みに来る人が多い。そこで、仏像鑑賞を趣味とする人たちには注意すべき点がいくつかある。

美術品、あるいは歴史的遺産として仏像を見る場合、その像容をよく見たいのが人情であり、また、隅々までよく見ないと目的は達成されない。だから、双眼鏡を用いたり、懐中電灯で照らしたり、さらには横や後ろに回って丹念に見ている人も少なくない。

これに対して、仏像を信仰の対象にしている人にとって、仏像の最大の価値はその尊さ、ありがたさにある。その場合、仏像は薄暗いお堂の中で一筋の灯明の光に仄《ほの》かに浮かび上がっているだけで十分なのであって、逆にその神秘性に御利益《ごりやく》、功徳《くどく》を感じているのである。

だから、白い帷子《かたびら》（お遍路さんなどが着ている上衣で、背中などに経文が書かれている）を着て、観音霊場などを巡礼に訪れた人の前で、無神経に双眼鏡を用いたり、ライトで照らしたりするのは、きわめて不謹慎なことなのだ。帷子を着ていなくても、仏像の前で熱心に拝んでいる人がいたら、双眼鏡やライトの使用は慎まなければならない。写真の撮影も、許可のない限り慎みたい。たとえ撮影がＯＫでも、必ず住職など責任者に断ってから撮影すべきであろう。

また、仏像は原則として正面から拝するものである。斜めや横から、まして背後から拝むものではない。たとえば法隆寺の御本尊の釈迦如来像（飛鳥時代、七世紀初頭の作）のように、初期の仏像の背面は平面的である。つまり、古くは背後から拝む人などいなかったので、背中の部分はあまり加工しなかったのだ。

もちろん、博物館や美術館では、三六〇度、さまざまな角度から鑑賞できるようになっている場合がある。そういう場合は別として、お堂の中では正面から拝むのが基本だ。そして、これも双眼鏡やライトと同様、斜めや横から鑑賞するときには巡礼者などを配慮して、あまり目立たないようにするべきである。

最後に、仏像拝観に際して最も基本的なことで、かつ忘れてはならない重要なことがある。それは仏像に相対したならば、まず何よりも、合掌《がっしょう》するということだ。そして、手近に線香や抹香《まっこう》があれば、焼香をする。その上でゆっくり拝観、鑑賞するのが最小限守りたいマナーである。また当然のことだが、帽子をかぶったまま、あるいはサングラスをかけたままの拝観は慎むべきである。

❖仏像がなかなか造られなかった理由《わけ》

仏教の伝説によれば、釈迦が悟りを開いた翌年、つまり、三六歳のときに生き写しの像が造られた。これが、最初の仏像だと伝えられている。

しかし、これはあくまでも伝説で、実際には釈迦が亡くなってから数百年の間、仏像が造られることはなかった。

なぜ仏像が造られなかったのか。その大きな理由は、古い時代には偶像否定という考え方が一般的だったからである。神のようなきわめて崇高な存在は、具体的な姿に表わすことができないと考えられたのである。これは世界の多くの宗教に見られるものだ。たとえば、キリスト教ではイエス・キリストや生母マリアの像は造られるが、全知全能の神の姿は決して造られることがない。

また、よく知られているように、イスラム教ではアラーの神の像は絶対に造られることはない。先年、アフガニスタンのバーミヤンにある五〇メートルを超える大仏が、イスラム教徒の手によって爆破されたことは記憶に新しい。イスラム教徒の場合、自らの宗教の偶像否定ばかりでなく、他の宗教の偶像まで否定するという念の入れようだ。

さらには、日本の神道も基本的には偶像を否定している。神道では神は目に見えない存在であり、もしもその神を見ると目がつぶれたり、罰が当たったりするという暗黙の了解がある。だから、例大祭などで神社の本殿の御扉《みとびら》が開いて祭神が出《い》でましになるときには、頭を深く垂れて、平身低頭するのである。

これと同様、インドでも釈迦が亡くなってからしばらくの間は、偶像否定という考え方が支配的だったのである。だから、初期の仏教徒は決して釈迦の姿を表わすことはなかった。とはいっても、釈迦の教えを信奉する人々が、その教えを確認する意味では礼拝の対象は必要である。

初期の仏教徒は釈迦の遺徳を偲《しの》ぶために、その遺骨が納められた仏塔《ぶっとう》（ストゥーパ）に通った。これは、今でもわれわれが亡き人を偲ぶために、お墓参りをするのと同じことである。そして、釈迦の墓所であるストゥーパの周りには、釈迦の生涯を表わしたレリーフが刻まれた。

釈迦の生涯をモチーフにしたこのような画像を仏伝図《ぶつでんず》というが、初期の仏教徒はそのレリーフを見て、偉大な釈迦を偲んだのである。

ところが、仏滅後、数百年の間は、この仏伝図にも釈迦の姿が刻まれることはなかった。釈迦の存在は菩提樹《ぼだいじゅ》や法輪《ほうりん》などのシンボルで象徴的に表わされ、あるいは、当然、釈迦がいる場所を故意に空白にして、その存在を暗示したのである。

たとえば、釈迦は三五歳のときに菩提樹の下で悟りを開いた。そのときの様子を表わす仏伝図のレリーフには、菩提樹の下に台座が置かれているが、台座の上には肝心の釈迦の姿が表わされていない。

つまり、初期の仏教徒はその空白部分に釈迦の姿を自らイメージして、礼拝の対象としたのである。

▲菩提樹

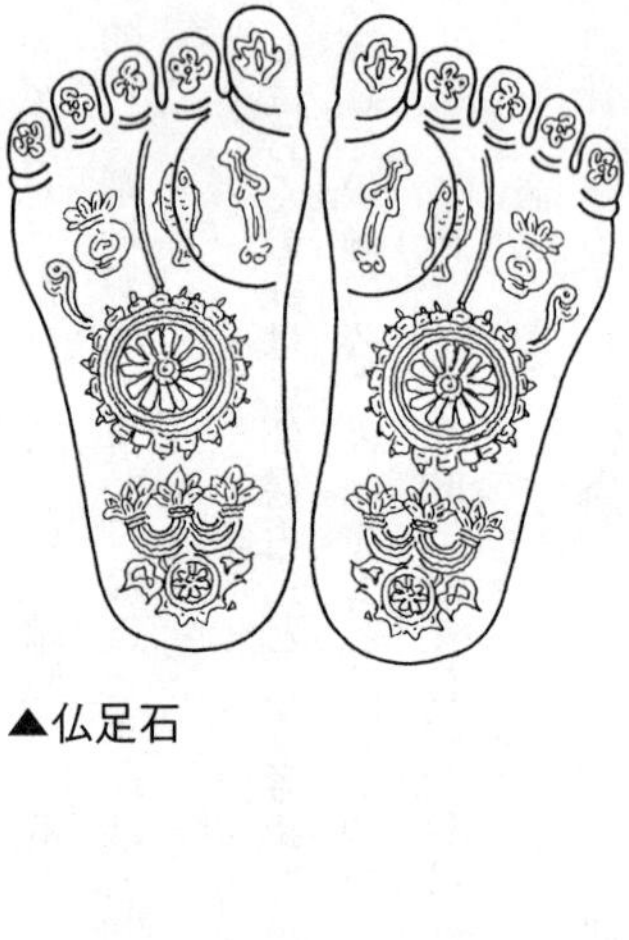

▲仏足石

❖釈迦の生涯――八つの場面

釈迦の死後、遺骸は荼毘《だび》に付され、遺骨は八つの部族に均等に分配された。各部族はそれぞれの領内に仏塔《ぶっとう》を建てて、遺骨を埋葬した。そして、釈迦の遺徳を偲ぶ人々が仏塔を訪れ、釈迦の遺骨を安置する仏塔に対する信仰（仏塔信仰）が生まれた。

やがて多くの人々が参詣する仏塔の回りには欄楯《らんじゅん》（垣）を巡らせ、そこに釈迦の生涯や「ジャータカ」（本章三四ページを参照）をモチーフにしたレリーフが刻まれた。これらのレリーフが、後に仏像が生まれる基となった。

仏伝図のテーマになったのは、釈迦の生涯における重要な時期の、釈迦と彼を取り巻く人々の光景である。主なものを挙げれば「降兜率《ごうとそつ》」「托胎《たくたい》」「出胎《しゅったい》」「出家《しゅっけ》」「苦行《くぎょう》」「降魔《ごうま》成道《じょうどう》」「初転法輪《しょてんぼうりん》」「涅槃《ねはん》」などである。これらのテーマが後に「釈迦八相《はっそう》」という、釈迦の生涯の重大な場面にまとめられ、これに基づく仏伝図のレリーフが造られるようになった。釈迦八相は以下のとおり。

まず、降兜率は前生の釈迦が白象に乗って、兜率天《てん》から降りて来る場面。光明を放ち、大地が振動するなど、さまざまな奇跡が起こったという。

なお、兜率天とは天上界（神々の世界）のひとつで、仏（如来）になることを約束された者が住まうところとされている。後述するように、釈迦もこの世界で修行した後に娑婆《しゃば》世界に降りて悟りを開き、釈迦亡きあとは弥勒菩薩がこの世界に昇って修行し、五十六億七千万年後に娑婆世界に降りて、悟りを開くといわれている。

「托胎」は釈迦が母親の摩耶夫人《まやぶにん》の右脇腹から胎内に入り、宿る場面。「出胎」は摩耶夫人の右脇腹から生まれ出て、七歩あるき、「天上天下唯我独尊《てんじょうてんげゆいがどくそん》（神々の世界でも人間の世界でも、唯わたしだけが尊い存在である）」と宣言する。中国や日本では釈迦の誕生（出胎）は四月八日とされ、日本では各地の寺院で「花祭り」が営まれる。

そして、釈迦は二九歳のときに世の無常を感じ、馬に乗って王宮を出る。これが出家の場面だ。王城を後にした釈迦は、途中で行き会った貧しいバラモンと衣服を交換し、以降、粗末な衣一枚を着て修行の旅を続ける。このときの姿が釈迦如来像のモデルになっている。一方、菩薩像は出家前の王子時代の富裕な姿の釈迦をモデルにしている。

以降、釈迦は諸方に聖者を訪ねて教えを請《こ》うが、満足のゆく教えに出会うことができなかった。そこで、厳しい苦行生活に入るのである。約六年間に及ぶ苦行は、周りで見ている人が、何度も釈迦は死んだと思うほど厳しいものだった。そして、その間に断食を繰り返したので文字どおり骨と皮だけになり、髪の毛や歯はすべて抜け落ちたという。その姿を表わしたものが「釈迦苦行像」で、インドの博物館にはきわめてリアルな苦行像があり、先年、日本でも公開されて話題になった。

しかし、そんな決死の苦行でも、釈迦は求める道（悟り）に至らなかった。そこで、苦行による悟りの道をあっさりと捨てて、ナイランジャナ河という川のほとりの菩提樹の下に座り、今度は瞑想によって悟りの境地に至ろうと試みた。このとき、悪魔が現われて悟りを妨害しようとしたが、釈迦が右手を地に触れた瞬間に地の神が加勢して、ついに悟りを完成する。中国や日本では、一二月八日のこととされている。これをテーマにしたのが降魔成道像で、定印《じょういん》（第六章一四一ページを参照）を解いて、右手を地に付けた姿で表わされる。

そして、悟りを開いたのち、釈迦はその内容をそれまで苦行をともにしていた五人の修行者たちに説いた。この最初の説法を「初転法輪」と呼び、両手を胸の前に置いた、話をするときのジェスチャーで表わされる。

以降、四五年の間に釈迦は数々の説法をした。その教えは「八万四千《はちまんしせん》の法門《ほうもん》」といわれるほど膨大なものだ。そして、八〇歳のときに最後の説法を終え、沙羅双樹《さらそうじゅ》の下で大往生（涅槃）を遂げた。この場面を捉えたのが涅槃像で、右脇腹を下にして左手を体側に沿ってゆったりと伸ばした姿に造られる。中国、日本ではその日は二月一五日とされ、各寺院では涅槃図を掲げて、「涅槃会《ねはんえ》」が営まれる。

❖諸仏を生み出した「釈迦の前生譚」

仏滅後、一〇〇年ほど経つと、釈迦が偉大な悟りに到達するには今生《こんじょう》だけではなく、前生で想像を絶するほどの修行をし、善行を積んだであろうと考えられるようになった。そこで登場したのが、ジャータカ（本生話《ほんじょうわ》）と呼ばれる釈迦の前生譚である。これがのちに諸仏、諸菩薩を生み出す源流にもなった。

ジャータカは原則として釈迦の前生を語る物語で、結末は「誰それは実は私であった」と結ぶ一定の形式をとる。ジャータカには五百余りの話があり、その一部は日本の『今昔物語集』にも納められ、またイソップ物語などにも散見される。その代表的なものとして「捨身《しゃしん》飼虎《しこ》本生」「シビ王本生」「燃灯仏授記本生《ねんとうぶつじゅきほんじょう》」などがある。

このうち、「捨身飼虎本生」は次のような物語である。前生で釈迦がある国の王子だった。ある日、山野に遊びに行ったところ、谷間で飢えた虎の親子に出会う。何日も食べずにいたために息絶え絶えで、うずくまっている親子の虎を不憫《ふびん》に思った王子（釈迦）は、自らの肉体を餌食《えじき》にして、虎の親子を救った。

ちなみに、この捨身飼虎本生をモチーフにした画像は、法隆寺の玉虫厨子《たまむしのずし》の側面にも描かれている。

また、「シビ王本生」は、釈迦が前生で、ある国のシビ王という国王だったときの話である。王宮にいたシビ王の前に、一羽のハトがタカに追われて逃げ込んできた。シビ王は「弱い者いじめをしてはいけない」とタカを諌《いさ》めた。すると、タカは「そう言われても、私はこのハトを食べなければ生きていくことができません」と答える。そこで、シビ王は「それではハトと同じ重さの私の肉をあげるから、それを食べなさい」と言い、タカも王の提案に同意する。

玉座に座ったシビ王は、従者にハトと同じ重さの膝の肉を削《けず》らせる。だが、従者もためってなかなか肉が削れない。何度も削っているうちに、痛さのあまり、シビ王は気絶してしまう。しかし、最後には、従者が肉を削り落とす。タカはシビ王の肉にありつき、ハトとともに命をつなぐことができた。

「燃灯仏授記本生」というのは、前生の釈迦が貧しいバラモンの青年だったころの話である。青年がある町を訪れたとき、その町に燃灯仏という釈迦の大先輩の仏陀が滞在しているという話を耳にした。青年はぜひとも燃灯仏に会いたいと思い、やっとの思いで群集の最前列に進んだ。そして、わずかに所持していたお金で買った数本の花を燃灯仏に捧げた。青年の一途な態度を見逃さなかった燃灯仏は、彼に謝辞を述べて先に進もうとした。そのとき、青年は燃灯仏の足元に水溜りがあることに気付いた。すかさず進み出た青年は、長く結った髪を解いて水溜りに敷き、燃灯仏に「私の髪の上をお通りください」と促《うなが》した。燃灯仏は足を濡らすことなく進むことができた。

水溜りを渡り終えた燃灯仏は青年に向かって、「お前のような殊勝な心掛けの若者は見たことがない。お前は将来、必ず私の後を継いで仏陀となるだろう」と、太鼓判を捺《お》した。それから、その青年は何度も何度も死んでは生まれ変わり、やがて、菩提樹の下で悟りを開いて仏陀となった。

これらは、どれも自己を犠牲にして他者を救った、釈迦の前生における善行がテーマとなっている。その他のジャータカも、おおむね釈迦の前生での自己犠牲と善行にまつわる話である。そして、これらの物語は後の大乗仏教において、菩薩が現われる基となっている。大乗の菩薩は、自己を犠牲にして他者を救うことを本望《ほんもう》とするのである。

❖ギリシャ人が造った仏像

前にも述べたように、釈迦が亡くなってから数百年の間、仏教徒は釈迦の存在を暗示するシンボルや、あるいは釈迦のいるところをあえて空白にして、それらを礼拝の対象としてきた。しかし、時代が下ると、人々の釈迦への思慕の念が高まり、その思慕の念が原動力となって仏像が出現したと考えられている。つまり、釈迦に会いたいという人々の一心の願いが、仏像を造り出したと考えられるのである。

最初の釈迦の姿は、仏塔のレリーフに刻まれた仏伝図などに現われた。それまで菩提樹や法輪などで象徴的に表わされていたものが、はっきりとした姿をとって表わされるようになったのである。はじめは他の登場人物と同じ大きさで表わされていたが、しだいに釈迦の姿だけを大きく表わすようになった。そして、これらの釈迦像はさらに大きくなり、最後には単独で表わされるようになる。これが、後世、われわれが拝んでいるような仏像に発展していくのである。

最初の仏像は、紀元一世紀の後半に現在のパキスタン領のガンダーラで造られた。ガンダーラはシルクロードの要衝で、古くから東西文明の十字路として栄えてきた。現在の地名でいえば、ペシャワールがそれに当たる。ペシャワールは、かつてプルシャプラという都のあったところである。

この地方には早くからギリシャ人が定住し、ギリシャの神々の像の製作も盛んだった。そして、仏教徒の間で釈迦に会いたいという思慕の情が高まると、もともと神像《しんぞう》彫刻を造る習慣があったガンダーラのギリシャ人たちは、仏教徒の要望に応じて、さしたる抵抗なく仏陀の像を造り上げたのである。

このように、最初の仏像はガンダーラ地方に定住していたギリシャ人の手によって造られた。したがって、初期のガンダーラ仏は彫りの深い西欧人的な風貌で、後世、われわれが親しんでいる仏像とはまったく異なる。

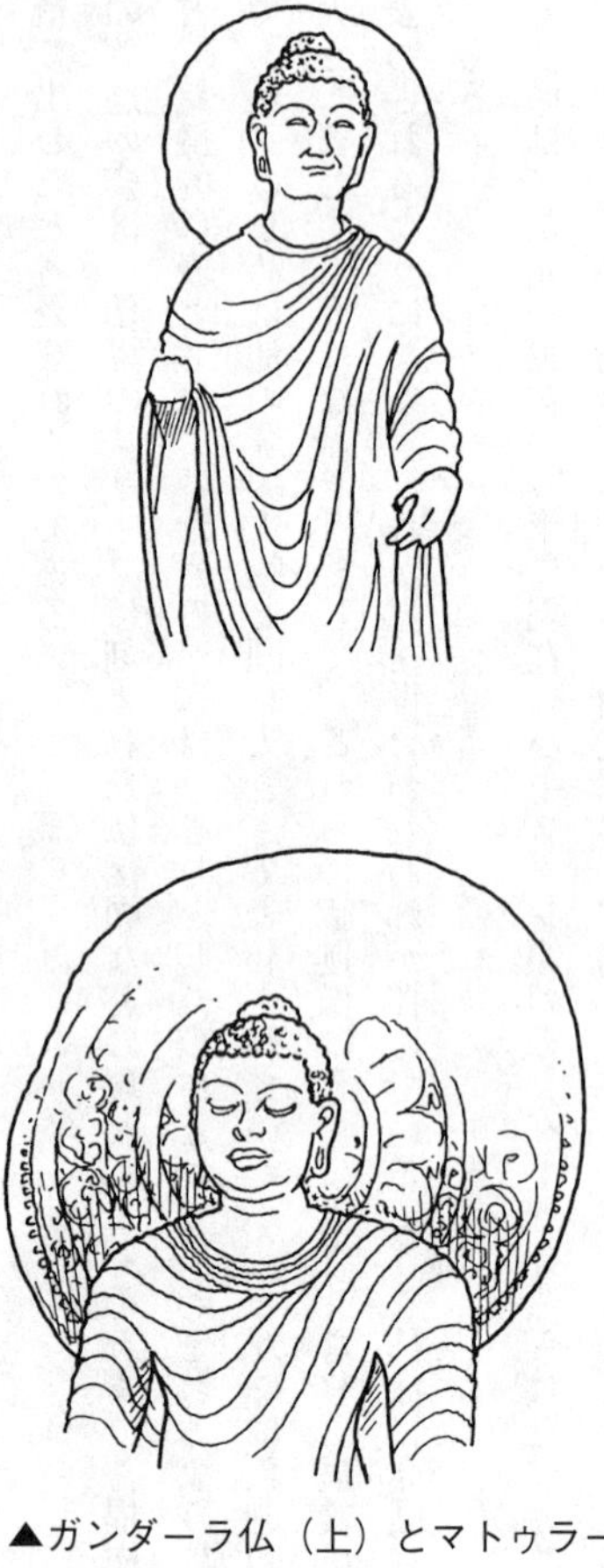

▲ガンダーラ仏（上）とマトゥラー仏

それから数十年後の二世紀の中ごろには、インド中部のマトゥラーでも仏像が造られた。これらの両地域では同時発生的に仏像が出現したと考えられ、ガンダーラの仏像がマトゥラーの仏像に影響を与えたという痕跡は見られない。マトゥラーでは、ガンダーラとはまったく違う東洋的な顔立ちの仏像が造られた。

❖最初の仏像は、出家《しゅっけ》後の釈迦がモデル

釈迦に会いたいという人々の一心、これが仏像を造り出した。だから、いうまでもなく最初の仏像は、仏教の開祖・釈迦をモデルにしている。

釈迦は出家前の名をゴータマ・シッダールタといい、尊称して釈迦牟尼世尊《しゃかむにせそん》と呼ばれる。「釈迦」は彼が生まれた釈迦族という種族の名、「牟尼」は聖者、「世尊」は世の中で尊敬に値する人という意味である。つまり、「釈迦族出身の聖者で、世の中で尊敬に値する人」というのが釈迦牟尼世尊の意味で、略して釈迦、釈尊《しゃくそん》、世尊などと呼ばれる。

ゴータマは、今から約二五〇〇年前、現在のネパール領のヒマラヤの麓《ふもと》、カピラヴァストゥで釈迦族の王子として生まれた。父はこの国の王でスッドーダナ（浄飯《じょうぼん》）王、母はその妃でマーヤー（摩耶《まや》）夫人《ぶにん》という。

釈迦は幼少のころより聡明で、人生いかに生きるべきかという問題を深く考えた。釈迦は、しだいに出家の志を募らせ、二九歳のときに、ついに地位、財産、係累をすべて捨てて出家し、修行者の仲間に入った。そして、ガンジス川支流のナイランジャナ河（尼連禅河《にれんぜんが》）のほとりの林の中で六年間、五人の修行者とともに苦行生活をした。しかし、苦行によっては悟りを得られなかったため、その行を捨てた。

釈迦は尼連禅河で沐浴《もくよく》して修行の垢《あか》を洗い落とし、村娘の捧げた乳粥《にゅうじょう》を食べて体力を回復した。そしてブッダ・ガヤに赴《おもむ》いてピッパラ（菩提樹《ぼだいじゅ》）の樹下で禅定《ぜんじょう》に入り、魔王の妨害を退けて悟りを開き、ブッダとなった。

成道後《じょうどう》（悟りを開いたのち）、釈迦はその悟りの内容を人々に伝えることなく、彼岸に安住しようとした。だが、梵天《ぼんてん》が三度にわたって説法《せっぽう》を懇願した。

ちなみに、梵天は釈迦がこの世に生まれるはるか以前から、インドで信仰されていた神が仏教に取り入れられたものである。仏教の伝説においては、しばしば釈迦のブレーン的な役割を果たす。

梵天の懇願を受け入れた釈迦は、サールナート（鹿野苑《ろくやおん》）に赴《おもむ》いた。そして、そこでかつて苦行をともにした五人の修行者に最初の説法を行なった。

はじめ、五人の修行者たちは苦行を捨てた釈迦を軽蔑していた。しかし、成道後の釈迦はきわめて高貴な姿をしており、しかも、その説法は紛《まご》うことのない真理そのものだった。これに共感した五人は、即座に仏弟子になった。これが仏教の始まりである。

その後、釈迦はガンジス川の中流域を中心に布教を続けて、多くの信者を獲得し、在世当時に仏教は一大教団に発展した。釈迦は多くの高弟とともに出家の教団の指導と、在家の信者の教化に努め、クシナガラの沙羅双樹《さらそうじゅ》の下で八〇歳の生涯を閉じた。

以上が釈迦の生涯のあらましである。最初の仏像は、釈迦が二九歳で出家した後の姿をモデルにしている。夜陰に乗じて、ひとり王城を抜け出した釈迦は、途中で一人の貧しい老バラモン（修行者）に出会う。このとき、まだ釈迦は王子の立派な衣装を身に着けていたが、そんな衣装は修行の妨げになる。

そこで、老バラモンに、彼が着ている粗末な衣と、自分の豪華な衣装を交換してくれるように頼む。降って湧いたような話に、老バラモンは大喜びで応じた。以来、釈迦は一枚の粗末な衣を着て、裸足で修行の旅にのぼったのである。これが、如来像のモデルだ。これとは対照的に、衣を交換する前の、王子の衣装を身に着けた姿が、菩薩像のモデルになったという。

だから、現在でも、われわれが見る釈迦如来や阿弥陀如来などの如来像は、一枚の衣だけを身にまとい、装飾品を一切に身に着けていない。これに対して、観音《かんのん》菩薩や文殊《もんじゅ》菩薩といった菩薩像は宝冠《ほうかん》をかぶり、豪華な装飾品を身に着けているのである。

ちなみに、如来像をはじめとする仏像の耳朶《じだ》は長く垂れ下がり、中央に大きな穴があいている。インドの王侯貴族の習慣で、釈迦は王子時代に豪華なピアスをしていた。出家したときには、そのピアスも外して老バラモンに与えた。しかし、ピアスの重みで広がった穴は、塞《ふさ》がることがなかったというのである。

第二章

さまざまな仏像の誕生

❖日本にはいつ、誰が仏像を伝えたか

日本に仏教が公に伝えられたのは、五三八年のことである。欽明《きんめい》天皇の治世に、百済《くだら》の聖《せい》明王《めいおう》（五二三〜五五三在位）が仏典や仏具などとともに釈迦如来の金銅仏を一体もたらしたという。これが、日本に最初に公に伝えられた仏像である。

仏教の受け入れをめぐっては、賛成派の蘇我《そが》氏と反対派の物部《もののべ》氏とが激しく対立し、天皇もハッキリした態度を表明しなかった。結局、伝来した仏像は蘇我氏の首領の稲目《いなめ》に授けられ、稲目の私邸にまつられることになった。しかし、間もなく疫病が猛威を振るった。物部氏は、これを外来の神（仏像）をまつった祟《たた》りと決めつけた。そして、稲目の私邸を焼き討ちし、仏像を投げ捨ててしまったという。

その後も百済など朝鮮半島から、数回にわたって仏像が伝えられ、蘇我氏がもらい受けてまつった。ところが、仏像をまつった後には必ず疫病が流行し、そのたびに物部氏が蘇我氏の私邸などを攻めて、仏像を遺棄したり、破壊したりした。

『古事記』や『日本書紀』には、そのように述べられている。したがって、仏教伝来当初の仏像は、最初に伝えられた釈迦如来の金銅仏をはじめ、ひとつも残っていないのである。

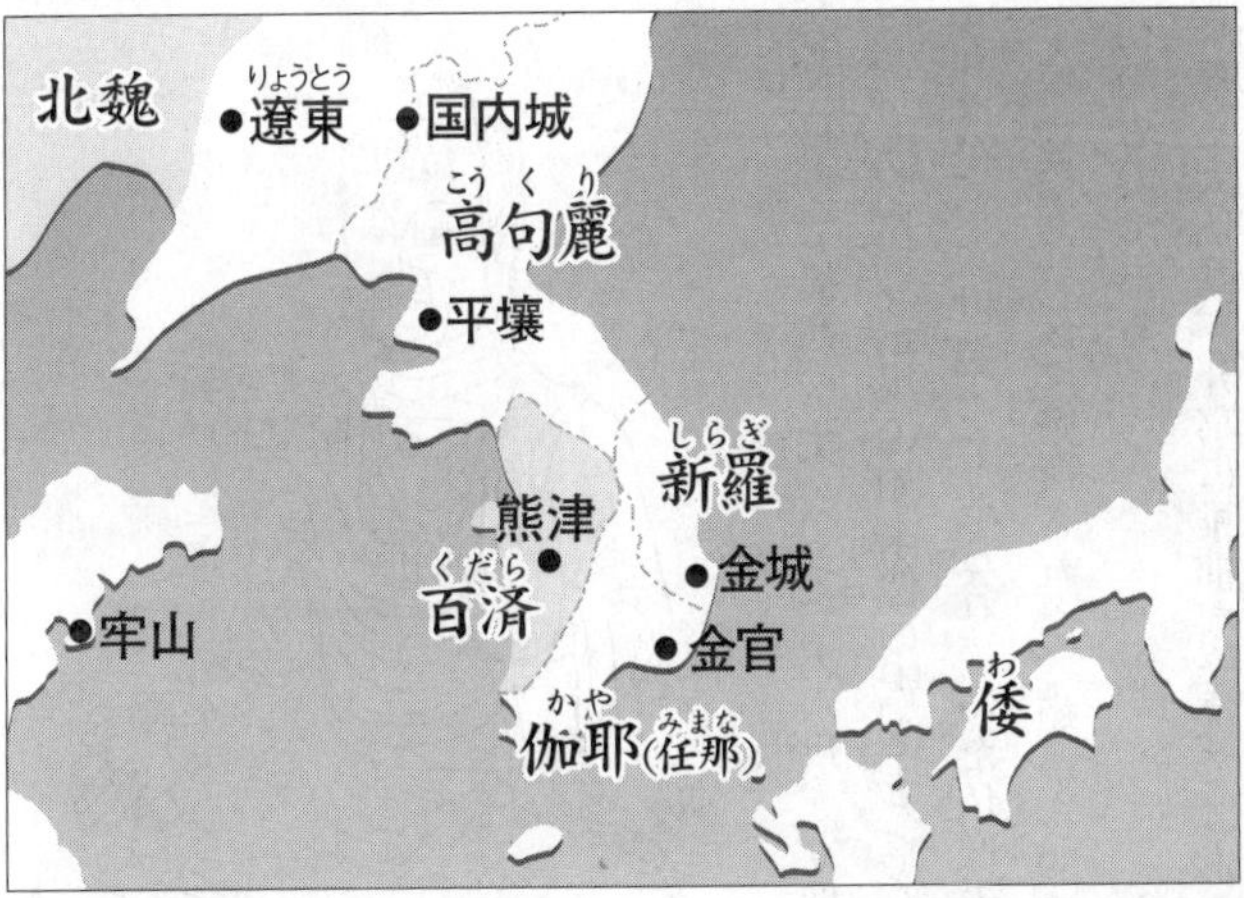

▲６世紀の朝鮮半島と日本

しかし、仏教は徐々に普及し、聖徳太子の時代（六世紀後半）になると、僧侶の交流も盛んになった。また建築や土木の技術者とともに、仏像を造る仏師も数多く来朝するようになる。そして、仏教隆盛の機運が高まり、寺院の伽藍《がらん》とともに日本国内での仏像製作も行なわれるようになっていったのである。

❖本邦初の仏像――飛鳥《あすか》大仏

わが国最初の本格的な仏像は、奈良の飛鳥寺にまつられている釈迦如来像である。通称、「飛鳥大仏」と呼ばれて親しまれているこの仏像は、日本で初の仏師として知られる止利《とり》仏師《ぶっし》（鞍造《くらつくりの》止利、七世紀）の作と伝えられている。

▲飛鳥大仏

飛鳥寺は崇峻《すしゅん》天皇の元年（五八八）に聖徳太子が建立したと伝えられる、わが国で最初の本格的な寺院で、もとは法興寺《ほうこうじ》といった。創建当初は七《しち》堂伽藍《どうがらん》（金堂《こんどう》や塔、講堂などの建物）を供えた大寺院だったことが、近年の遺構の発掘調査で明らかになっている。

この寺の本尊として造られたのが飛鳥大仏で、推古《すいこ》天皇の一四年（六〇六）ごろに製作されたと推定されている。日本で最初の丈六《じょうろく》（一丈六尺、立像で約四・八メートル、座像で約二・七メートル前後。古くから正規の如来像の大きさとされている）の仏像である。金銅製で、中国の北魏《ほくぎ》（五世紀～六世紀）で造られていた仏像の様式を採用したといわれている。鎌倉時代の火災で焼け落ち、後に修復された。頬から額にかけての顔の一部と、右手の指三本だけが造立当初のものである。

飛鳥大仏は、非常に稚拙な修復ではあるが、飛鳥時代の仏像の面影を留め、日本の仏像史上、記念碑的な作品となっている。また、石造の台座は創建当初のもので、台座上にホゾ(穴)があることから、造立当初は脇侍《わきじ》菩薩を従えた三尊形式だったことが分かる。

作者の鞍造止利は朝鮮半島からの帰化人・司馬達等《しばたっと》の孫で、飛鳥大仏のほかに法隆寺金堂の釈迦三尊像などを造ったことで知られる。飛鳥時代の仏像彫刻界の指導者として、北魏様式を取り入れた。

❖小乗《しょうじょう》仏教の仏像と、大乗《だいじょう》仏教の仏像はどう違うのか

釈迦が亡くなってから一〇〇年ほど経ったころに、仏教は戒律や教理の解釈に対する見解の違いから、いくつかの部派に分かれた。これらの部派は出家修行僧の教団で、難解な教理研究と厳しい修行を行なっていた。彼らは厳しい修行をすることによって、釈迦と同じ悟りの境地に至ることを目的とした。しかし、釈迦のようにその悟りの内容を説いて、他者を救済することはできないと考えた。つまり、あまりにも偉大な釈迦と同じことはできないと思いなしたのである。

しかし、紀元前後に大乗仏教が興起すると、そのような小乗仏教の自利《じり》の立場(自分だけが救われるという考え)は小乗(小さな乗り物・劣った乗り物)として非難され、大乗仏教

徒は自らの仏教を万人の救済を目指す仏教であるとして、大乗（大きな乗り物・優れた乗り物）と呼んだ。

したがって、小乗仏教の呼び名は大乗仏教徒から小乗仏教徒に浴びせられた蔑称で、二〇世紀の初めになって、この名称は使わないことが確認され、現在では上座部《じょうざぶ》仏教と呼ばれている。上座とは長老のことで、保守的な長老たちが昔のままの仏教を守ってきたとされている。

小乗仏教は古い時代の仏教で、釈迦如来を修行の理想とした。このため、東南アジアなどの上座部仏教の国々では、釈迦如来像のみが礼拝の対象になる。もっとも、初期には仏像はなかったから、仏像に関しては時代が下るにしたがって、大乗仏教の影響を受けて造られたと考えるのが妥当である。

一方、大乗仏教は釈迦以外にも多くの仏が悟りを開いたと考え、阿弥陀如来や薬師如来など多くの仏（如来）の存在を考え出した。そしてさらに、それらの如来を補佐する多くの菩薩、仏教の教えとその信者を守る四天王などの天《てん》（神々）、あるいは七世紀ごろに成立した密教思想に基づく明王《みょうおう》を生み出した。

中国を経由して、日本には大乗仏教が伝えられたことから、わが国には実に多種多様な仏像が存在するのである。日本は質量ともに仏像の宝庫ということができる。

❖仏像が伝わった地域

紀元前五世紀にインドで生まれた仏教は、アジアの広い地域に広まった。まず、紀元前三世紀にはセイロン島（現在のスリランカ）に伝えられ、さらにはカンボジアやミャンマー、タイなど東南アジアの各地に広まった。これらの地域には小乗仏教が伝わり、仏像はほとんどが釈迦如来像で、菩薩像としては弥勒菩薩など少数のものがある。また、釈迦をはじめとして、それ以前に現われたとする六仏を併せた、「過去七仏《かこしちぶつ》」（次ページを参照）の像なども造られる。

また、紀元一世紀の半ばには、シルクロードを経由して仏教は中国に伝えられ、さらに四世紀後半には朝鮮半島に、そして六世紀前半には日本に伝えられた。中国をはじめとするこれらの東アジア地域には大乗仏教が伝えられたため、如来をはじめとして菩薩、明王、天などさまざまな仏像が造られた。さらに七世紀には、チベットにも仏教が伝えられ、観音菩薩や明王を中心とする独自の仏像が造られるようになった。また、チベットでは曼荼羅《まんだら》が多く作られる。

このほか、東南アジアでもインドネシアには大乗仏教が伝えられ、とりわけ、密教が盛ん

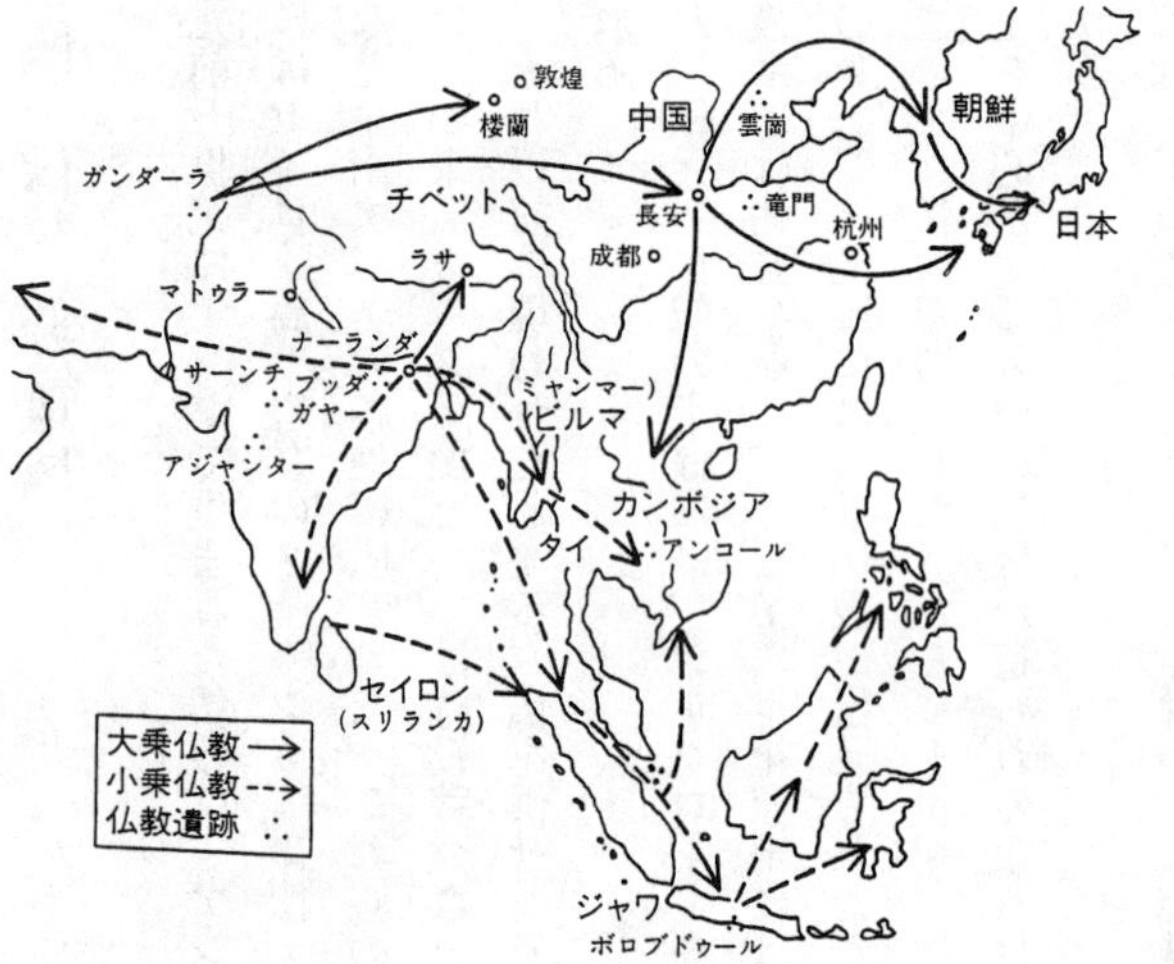

▲仏教の伝播

だった。ジャワ島にあるボロブドゥール遺跡は、周囲三キロメートル、九層に積み上げられた地上の大曼荼羅で、密教の明王の仏像などがある。

❖過去仏《かこぶつ》と未来仏《みらいぶつ》とは？

釈迦はこの世の普遍の真理を悟った。インドでは、このように真理を悟った者を仏陀《ぶっだ》（悟った者）と呼んでいた。そして、その真理は、いうなればニュートンの万有引力のようなものである。万有引力はニュートンが現われるはるか以前、悠久の過去から存在していた。ニュートンがそれを発見して、万有引力と名づけたのである。してみると、ニュートン以前にも万有引力の存在を発見した人がいたかもしれない。

これと同じように、釈迦が発見した真理も万古不易《ばんこふえき》のものであれば、釈迦以前にもそれを発見した、すなわち悟りを開いた人がいるかもしれない。釈迦が亡くなってからしばらくすると、釈迦以前にも仏陀が出現した可能性があると考えられるようになったのである。

そして、初期の仏教徒は釈迦以前に毘婆尸仏《びばしぶつ》・尸棄仏《しきぶつ》・毘舎浮仏《びしゃふぶつ》・拘留孫仏《くるそんぶつ》・拘那含牟尼《くなごんむに》仏《ぶつ》・迦葉仏《かしょうぶつ》の六人の仏がいたと考え、これを「過去六仏《ろくぶつ》」と呼び、さらには過去六仏に釈迦仏を加えて「過去七仏《しちぶつ》」と呼ぶようになった。

過去仏は、時代とともにしだいにその数を増し、やがて未来仏につながっていくのであり、諸仏の出現に当たって重要な原動力となった。過去仏の例は日本では希だが、東南アジアなどのいわゆる小乗仏教（上座部仏教）の国々では、過去七仏の尊像が見られる。

また、日本では過去七仏が共通して受持《じゅじ》していたという「七仏通戒偈《しちぶつつうかいげ》」という戒めの偈が伝えられ、現在でも盛んに読まれている。「七仏通戒偈」は次の四句からなる。

諸悪莫作《しょあくまくさ》（諸々の悪をなす勿《なか》れ）。衆善奉行《しゅぜんぶぎょう》（衆《おおく》の善を奉行せよ）。自浄其意《じじょうごい》（みずからその心を清くする）。是諸仏教《ぜしょぶっきょう》（これ諸仏の教なり）。

次に、仏が悟った真理が悠久の過去から未来永劫にわたって不易のものであれば、未来にもその真理を発見して仏陀となる者がいるに違いないと考えられるようになった。このような仏陀を未来仏といい、釈迦の入滅から五十六億七千万年後に、この世で悟りを開く弥勒《みろく》仏がその代表である。弥勒は実在の仏弟子ともいわれるが、『弥勒上生経《みろくじょうしょうきょう》』という経典には、次のような伝説が説かれている。

釈迦が祇園精舎《ぎおんしょうじゃ》（釈迦とその弟子のために建てられた僧坊）にいたときに、弥勒は釈迦から成仏を約束された。それから一二年後にこの世を去った弥勒は兜率天《とそつてん》（第一章三二ページを参照）に昇り、この世（娑婆《しゃば》世界）に下って悟りを得る時期を待っている。そして、五

▲弥勒菩薩半跏思惟像

十六億七千万年後に、娑婆世界の梵摩渝《ぼんまゆ》・梵摩跋提《ぼんまばってい》という夫妻を自らの父母と定めて下生し、梵摩跋提の右脇腹から生まれ、後に出家して龍下樹《りゅうげじゅ》という木の下で悟りを開くと説かれている。

弥勒は釈迦と同じ経過をたどって仏となるのであり、そのことから釈迦仏の跡継ぎという意味で「仏嗣《ぶっし》弥勒」と呼ばれている。

弥勒の銘を持つ最初の像は、二世紀に中部インドのマトゥラーで造られている。日本の国宝第一号、京都・広隆寺《こうりゅうじ》の弥勒菩薩半跏思惟《はんかしゆい》像は、あまりにも有名である。この他にも、わが国には多くの弥勒菩薩像がある。

❖阿弥陀如来と薬師如来の誕生

前項でも述べたように、仏陀は悠久の過去から永遠の未来にわたって継続的に出現すると考えられた。そして、時代が下ると、現在もさまざまな仏国土《ぶっこくど》（一人の仏が治める国。浄土ともいう）に多くの仏陀（如来）がいて、教えを説くと考えられるようになった。つまり、過去仏と未来仏が時間的な推移の中で考え出されたのに対して、今度は空間的な広がりの中で仏陀が考えられるようになったのである。

これは、大乗仏教が進展して、より多くの人々が仏教を信じるようになり、より多くの人を救ってくれる仏陀の存在が求められたためである。つまり、大乗仏教は万人救済の教えを説くが、万人が救われるために、より強力な仏陀の存在が求められたのだ。

そこで、人々はまず東の方に救世主を求めた。そこに現われた（考え出された）のが、阿閦如来《あしゅく》である。しかし、この如来の信仰はそれほど盛んにならず、それが証拠に、日本でも阿閦如来の像はほとんど見られない。

そこで、人々はさらに救世主を探すと、今度は西の方から強力な如来が現われた。これが西方極楽浄土《さいほうごくらくじょうど》の教主《きょうしゅ》（教えを説く主）、阿弥陀如来である。阿弥陀如来はきわめて美しい浄土を持ち、この仏の救いを信じた人の臨終に際しては、必ず迎えに来てくれるという。このことから、阿弥陀の浄土に往生したいと願う「浄土往生」の思想が広まった。

日本でも平安時代の後半から阿弥陀如来の信仰が盛んになり、その信仰を中心に据えた浄土宗や浄土真宗などが生まれた。また、このような浄土往生の信仰を背景に、阿弥陀如来像もきわめて多い。正確な数は分からないが、日本の仏像の多くを占めることは確かである。

阿弥陀如来の信仰は非常に盛んになったが、一つ困ったことがある。それは阿弥陀如来は人が死んだ後に救ってくれるが、生きている間は呼べど叫べど救ってくれないということだ。一般に人間は、いま、生きているうちに助かりたいという、現世利益《げんぜりやく》の欲求が強い。

▲阿弥陀如来

▲薬師如来

そこで、再び現世利益の如来を求めた。そこで、登場したのが薬師如来である。この如来は東方浄瑠璃世界《とうほうじょうるり》という浄土の教主で、その世界（浄土）は阿弥陀の極楽浄土に引けを取らない美しいところである。しかも、この如来は貧しい人々の衣食を満たし、十二分な医療を施してくれる。そんなことから、この如来の信仰は瞬《また》く間に広まり、日本でも薬師如来像は多く造られてきた。

阿弥陀如来と薬師如来の登場によって、仏教徒は生きている間も、死んだのちにも救われることになったのである。

❖毘盧舎那如来《びるしゃなにょらい》――奈良の大仏

「奈良の大仏」と呼ばれて親しまれているのが、毘盧舎那如来（仏）である。この如来はサンスクリット語（インドの古い言葉）でヴァイローチャナ、「太陽」という意味の名を持っている。この如来は宇宙の中心にあって、太陽のように至るところを照らし続けているという。そのことから、ヴァイローチャナと名づけられた。

また、太陽のようにあらゆるところを遍《あまね》く照らすという意味で、「光明遍照《こうみょうへんじょう》」とも訳される。

仏教では釈迦のように、実際にこの世に人間として現われた仏のほかに、仏教の教え（法）そのものを神格化した仏が考え出された。前者を応人仏《おうじんぶつ》、後者を法身仏《ほっしんぶつ》という。毘盧舎那仏は法身仏の代表で、永遠不滅の真理を表わす。

釈迦は真理を悟り（発見し）、それを人々に伝えたのであるが、その根本には永遠の真理そのものである毘盧舎那如来がいる。このことから毘盧舎那如来を本身《ほんしん》、釈迦をその化身《けしん》（分身）と考えるようになった。

▲毘盧舎那如来

このように、毘盧舎那如来と釈迦如来とは不離の関係にあり、どちらが欠けても仏教の真の教えは伝わらない。つまり、毘盧舎那如来がいなければ、真の教え（法）がないことになるし、釈迦如来がいなければ、その教えを悟って伝える人がいないことになる。

仏教では早くから、仏の存在についての議論が活発に行なわれた。このうち、応人仏は衆《しゅ》生《じょう》（すべての人々）を救済するために、そのときに存在する衆生に合わせて現われた歴史上の仏陀、すなわち、釈迦如来などがこれに当たる。

しかし、歴史上の仏陀には命に限りがあるため、仏陀の存在を悠久の過去から未来永劫にわたって存続せしめる存在が考え出された。つまり、応人の仏陀は、たとえば釈迦如来のように八〇歳で亡くなってしまう。しかし、その教えは永久に存在する。したがって、その教え（真理）を神格化したものが、毘盧舎那如来に代表される法身仏であると考えられたのである。

『華厳経《けごんきょう》』という経典には、毘盧舎那如来の世界についてくわしく述べられている。それによると、この如来は蓮華蔵《れんげぞう》世界という仏の世界の蓮華上で教えを説いているという。そして、この毘盧舎那如来の蓮台（蓮華の形に作った台座）には一〇〇〇枚の花びらがあり、その一枚一枚に大釈迦《だいしゃか》が一人ずついて、それぞれ教えを説いている。これを「千葉《せんよう》の大釈迦」という。

さらにその大釈迦が座っている蓮台にも一〇〇〇枚の花びらがあり、その一枚一枚の蓮弁（ハスの花びら）には、さらに小釈迦が一人ずついるというのである。つまり、毘盧舎那如来の元には無数の釈迦がいて、その頂点に立つのが毘盧舎那如来なのである。

仏教では、須弥山《しゅみせん》という山を中心にして太陽と月が照らす世界を一須弥世界という。これが一人の仏が教えを広め、治める世界（仏国土《ぶっこくど》）と考えられている。一須弥世界は現代でいえば、だいたい太陽系ぐらいの規模と考えられるから、毘盧舎那如来の治める世界は広大無辺で、その広さはまさに天文学的な数字になる。つまり、宇宙の果ての果てまで治めるのが毘盧舎那如来というわけである。

毘盧舎那如来は仏教の教え、すなわち理念を仏にしたことから「理仏《りぶつ》」と呼ばれている。また、宇宙の中心にあるきわめてスケールの大きな仏であることから、造像も大規模なものになる。そのため、実際にはあまり造られることがない。さらに、理論的な仏であるから、その姿を特定することができず、実際には目に見えないものと考えられている。

ふつうは「如来の通相《つうそう》」（プロローグ一六ページを参照）といって、釈迦如来や阿弥陀如来と同じ姿に造られる。だが、それぞれの作例ごとに、前述した無数の仏、菩薩が生まれてくる蓮華蔵世界の姿が工夫して表わされている。

たとえば、東大寺の毘盧舎那如来は蓮華の台座の上に結跏趺坐《けっかふざ》して施無畏印《せむいいん》、与願印《よがんいん》に組む（第六章一四一ページを参照）。これだけでは釈迦如来などと区別がつかないが、台座の部分をよく見ると、『華厳経』に説かれている毘盧舎那如来の蓮華蔵世界が表わされている。二七枚ある蓮弁の一枚一枚に、それぞれ千葉の大釈迦と蓮華蔵世界が毛彫り《けぼ》（線彫り）で示されているのである。また、釈迦像の下には諸天界を表わして、さまざまな仏、菩薩、諸天などを配し、その下には須弥山を中心とする須弥世界を表わしている。

ちなみに、東大寺の大仏は火災や戦禍によって破壊され、何度も大規模な改修が行なわれているが、台座だけは創建当初のものである。また、光背には蓮華座に結跏趺坐した釈迦像が取り付けられているが、これも江戸時代の再建である。

❖密教が生み出したスーパースター——大日如来

七世紀ごろ、大乗仏教の最終段階で成立した密教では、前項で述べた毘盧舎那如来に「摩《ま》訶《か》」の語を冠して「摩訶毘盧舎那如来（仏）」と呼ぶ。サンスクリット語でマハー・ヴァイローチャナといい、「マハー」は摩訶と音写され、「大きい」「偉大な」という意味。ヴァイローチャナは、前述したように「太陽」を表わす。

この仏像、一般には「大日如来」と呼ばれる。これは、摩訶毘盧舎那如来を意訳して、摩訶を「大」、毘盧舎那（ヴァイローチャナ）は太陽であるから「日」と訳したのである。毘盧舎那如来の内容をさらに発展させて、宇宙そのものを神格化し、絶対的な存在として登場した密教独自の仏である。

密教では、大日如来の中には森羅万象《しんらばんしょう》（宇宙のすべての存在と現象）がことごとく含まれ、また、大日如来から森羅万象が現われ出てくると考えられるのである。現代的にいえば、大日如来はブラックホールのような存在なのだ。

このことから、密教では釈迦如来をはじめとするすべての仏、菩薩、明王などは大日如来の化身とされる。

大日如来には金剛界《こんごうかい》大日如来と胎蔵界《たいぞうかい》大日如来とがある。これは密教特有の考え方で、大日如来を二つの違った角度から見たときに、このような区別が出てくるのである。

大日如来を智慧の面から見たものが金剛界大日如来である。森羅万象はことごとく、揺ぐことのない大日如来の智慧が創り出したと考える。金剛はダイヤモンドの意味で、大日如来の智慧が硬く研ぎ澄まされていて、絶対に傷つかないことを表わしている。

一方、胎蔵界大日如来は、無限の慈悲の面から捉えたものである。森羅万象が母親の母胎のような大日如来の中に、やさしく包み込まれているということだ。

つまり、母親の母胎としての大日如来にやさしく包まれている万物は、金剛界大日如来の無上の智慧によって、さまざまな存在現象として現われ出てくるということである。「静」の胎蔵界と「動」の金剛界。この両者が揃ってはじめて密教の世界観が成り立つ。そして、このような密教の世界観をビジュアルに表わしたものが曼荼羅《まんだら》である。

前述したように如来像は、釈迦の出家後の姿をモデルにしているので、宝冠《ほうかん》や装身具などはいっさい身に着けていない。ところが大日如来だけは宝冠をかぶり、きらびやかな装身具を身に着けている。これが大日如来の第一の特徴である。

これはすべての仏を包括する偉大な大日如来は、他の如来とは異なる姿で表わすべきだと考えられたためと思われる。そこで、それまでの如来像の常識を破って、菩薩形に造られたと考えられている。そして、大日如来の宝冠や装身具は菩薩のものよりもいっそう絢爛《けんらん》豪華なものにすることが求められた。

このように、大日如来には金剛界、胎蔵界それぞれを象徴するものがあり、ともに菩薩形であるが、印相などが異なる。

まず、金剛界大日如来は智拳印《ちけんいん》を結んでいる。左手の人差し指を立てて、それを右手の拳で握ったもので、ちょうど忍者が術をかけるときの手つきに似ている。これは大日如来独特の印で、他の仏、菩薩には見られない。大日如来の智慧が何ものにも増して固いことを表わしたものである。また、頭には頭髪全体を覆った五智《ごち》宝冠をかぶり、身体の色は金色とされている（第五章一二六ページを参照）。

次に、胎蔵界の大日如来は法界定印《ほっかいじょういん》という印を結んで、蓮華座の上に結跏趺坐している。

これは座禅のときの印で、他の仏、菩薩にも見られる一般的な印である。だが、この印は胎蔵界大日如来の深い慈悲を表わしたもので、とくに法界定印と呼んでいる。頭には五仏宝冠をかぶり、身体の色は金色である。

第三章

仏像の種類&プロフィール

❖如来とは何か

如来の「如」は真理、如来とは、真理の世界、すなわち悟りの世界に行ってしまった人、悟りを開いた人という意味である。ところが、如来は悟りの世界に行っただけではない。如来の「来」には「来る」という意味もある。そこで、如来は真理を悟って、それを教えて人々を救うために、この世（娑婆世界《しゃばせかい》）にやって来た人という意味になるのである。

如来は、余すところなく修行を消化して、完全な悟りの境地に達している。そのため、まだ多少の修行を残している菩薩などよりも高い地位にある。日本では釈迦如来、阿弥陀如来、薬師如来、毘盧舎那《びるしゃな》如来、大日如来などの如来像がよく見られる。

如来像は瓔珞《ようらく》（ネックレス）などの装身具はいっさい身に着けず、持物《じもつ》（ハスの花や水瓶《すいびょう》など、仏像の持ち物）を持っていない。前に述べたように「如来の通相《つうそう》」といって、すべて同じ姿に造られるのが原則である。だから、釈迦如来と他の如来像などの間で見分けがつかない場合がある。

また、三十二相《そう》、八十種好《しゅごう》という如来だけに見られる、偉人の相を備えているのも特徴である（第五章一二二ページを参照）。ただし、大日如来だけは宝冠をかぶり、ひときわきらびやかな装飾品を身に着けている（第六章一六五ページを参照）。

❖如来像にはどんな種類があるのか

紀元一世紀の後半にガンダーラで仏像が誕生したとき、最初に造られたのが釈迦如来像だった（第一章三七ページを参照）。しかし時代が下ると、釈迦以外にも阿弥陀如来や薬師如来など、さまざまな仏像が考え出され、それらの仏の尊像も造られるようになった。ここで、もう一度、それをご説明しておこう。

紀元一世紀ごろから大乗仏教が進展するに従って、仏教徒の数も増えた。彼らはより多くの人が救われるためには、釈迦だけでは手が足りないと考えた。そこで、釈迦以外にも救世主がい

▲如来像

ないかと探し求めたところ、最初に見出したのが阿閦《あしゅく》如来だ。この如来は東方の阿閦仏国《ぶっこく》土《ど》という浄土に住んで、娑婆《しゃば》世界（われわれの住む世界）の人々を救ってくれると考えられた。

阿閦如来像は降魔印《ごうまいん》（第六章一四二ページを参照）という、右手の人差指を地につけた印を組むのが特徴だが、日本では作例が少ない。京都の東寺《とうじ》（教王護国寺《きょうおうごこくじ》）の大日如来の右（向かって）後方にいるのがこの如来だ。しかし、この如来は作例が少ないことからも分かるように、仏像としてあまりインパクトが強くなかった。

そこで、人々はさらなる救世主を探したのである。すると、今度は西の方から力強い仏が現われた。これがよく知られている阿弥陀如来だ。この如来の救済の力を信じ、その名を呼べば、つまり、「南無阿弥陀仏」と唱《とな》えれば、その人の臨終のときには必ず迎えに来て、極楽浄土に連れて行ってくれるという。このような性格を持つ阿弥陀如来は、インドでも大人気となり、中国、日本にも伝えられて盛んに信仰された。現在、日本に阿弥陀如来像が多いのは、その信仰が非常に盛んだったことを示しているのである。

　このような力強い仏の出現に人々は安堵した。しかし、阿弥陀如来には困ったことが一つある。それは、この如来が死んだ後にしか救ってくれないのだ。そこで、今度は現世利益、つまり、生きている人々を救ってくれる救世主が求められた。そして、東方から現われたのが薬師如来である。

この如来は東方の浄瑠璃《じょうるり》世界というところに住み、貧しい人々に王侯貴族と同じような衣食を満たし、病気の人には最高の医療を施してくれる。このことから、多くの人々に歓迎された。日本では、とくに病気平癒の仏として盛んに信仰されてきた。

阿弥陀如来と薬師如来の出現で、人間は来世も救われることになった。しかし、まだまださらなる仏の探索は続いた。そして、人々は仏の根元のような大きな仏、来世も現世も引き受けてくれるスーパースターを探し当てた。それが東大寺の大仏で知られる毘盧舎那《びるしゃな》如来である。毘盧舎那は太陽の意味で、太陽のように宇宙の中心にあって、世の中を照らし続ける（第二章五六ページを参照）。

毘盧舎那如来で終わりかと思いきや、人々の仏探しはまだ続いた。そして、最後に行き着いたのが大日如来だ。大日は大きな太陽の意味で、毘盧舎那如来をさらにパワーアップしたものである。毘盧舎那如来の守備範囲が太陽系、あるいは銀河系だとすれば、大日如来は果てしない宇宙すべてを守備範囲とする。そして、森羅万象はすべてこの如来から生まれ、この如来に還って行くと考えられたのである。いわば、ブラックホールのような存在。それが大日如来だ。

この他にも、仏典には数多くの仏（如来）の名が挙げられている。たとえば『仏名経《ぶつみょうきょう》』という経典には、一万を超える仏の名が記されている。

しかし、仏像として造られ、実際にわれわれが見ることができるのは、先に述べた釈迦如来、阿閦如来、阿弥陀如来、薬師如来、毘盧舎那如来、大日如来などである。このうち、日本では阿弥陀如来が圧倒的に多い。

❖菩薩とは何か

菩薩は、サンスクリット語のボーディサットヴァを音写した「菩提薩埵《ぼだいさった》」の略。菩提は「悟り」、薩埵は「衆生《しゅじょう》（すべての生き物）」の意味で、菩提薩埵は「悟りを求める衆生」という意味である。もともと釈迦の修行時代を菩薩と呼んだが、大乗仏教の時代になって阿弥陀如来や薬師如来などさまざまな如来（仏）が考え出されるにつれて、種々の菩薩が誕生した。

菩薩は如来に次ぐ地位にあり、如来の衆生救済の仕事を補佐する役目を果たす。三尊像《さんぞんぞう》などで如来の脇侍《わきじ》として仕えるのは、このためだ。間違っても如来が菩薩の脇侍として従うことはないのだ。

大乗仏教では菩薩を「悟りを求める衆生」と解釈し、菩提心《ぼだいしん》（悟りを求める心）を得た者はすべて菩薩と考えるようになった。しかし、いくら菩提心を起こしても文殊菩薩や観音菩薩と、凡夫《ぼんぶ》（一般の人々）との間には歴然とした違いがある。

そこで、大乗仏教では修行の進度や仏教の理解の深浅などによって、菩薩のランク付けをした。経典によって初歩的な菩薩から高位の菩薩まで、十位から五十一位にまで及ぶさまざまなランキングがある。その中で弥勒《みろく》菩薩や文殊《もんじゅ》菩薩など、仏像に表わされているのは最上位の菩薩だ。

つまり、菩提心を起こしたばかりの者は初心者の菩薩。われわれが仏像として見る菩薩は、遠い昔に菩提心を起こし、とてつもなく長いあいだ輪廻転生《りんねてんしょう》（死んでは生まれ変わること）して、そのたびに厳しい修行をし、善行を積んできた人なのである。

釈迦如来像や阿弥陀如来像、薬師如来像などの多くは三尊形式で表わされる。この場合、脇侍をつとめるのが文殊菩薩、普賢《ふげん》菩薩など、最高位の菩薩なのだ。

❖菩薩の特徴

如来は出家《しゅっけ》後の釈迦をモデルにしているため、一切の装飾品を身に着けていない。それに対して、菩薩は出家前の王子時代の釈迦をモデルにしている（第一章四〇ページを参照）。

このため、宝冠《ほうかん》をかぶり、さまざまな装飾品を身に着けた貴人の相に造られる。また、あら

▲観音像

ゆる衆生を救うということから、種々の姿の菩薩が考え出され、千手観音や十一面観音のように多面多臂像《ためんたひぞう》（顔と手が複数のもの）も出現した。

ただ、如来と菩薩は肉体的には共通する部分もある。たとえば、如来の特徴で、眉間《みけん》のところにある眉間《みけん》白毫相《びゃくごうそう》（第五章一二四ページを参照）などは菩薩像にも見られる。また、頭頂が盛り上がった肉髻《にっけい》（第五章一二九ページを参照）が菩薩にもあると、経典には説かれている。しかし、一般には結い上げた髪に隠れて見えないといわれている。ただし、地蔵菩薩は僧形《そうぎょう》（僧侶の姿）で頭を丸めているので、明らかに肉髻はない。

❖菩薩像にはどんな種類があるのか

如来像に比べて、菩薩像にはさまざまな種類がある。われわれが仏像として見ることができるものとしては、弥勒菩薩、文殊菩薩、普賢菩薩、虚空蔵菩薩《こくうぞうぼさつ》、地蔵菩薩、観音菩薩などが挙げられる。

まず、弥勒菩薩は釈迦が将来、悟りを開いて如来（仏）となることを約束した菩薩である。五十六億七千万年後に龍華樹《りゅうげじゅ》という木の下で悟りを開き、釈迦が救いきれなかった人々を救済するといわれている。日本の国宝第一号として知られる広隆寺《こうりゅうじ》（京都）の弥勒菩薩半跏思惟像《はんかしゆい》は、あまりにも有名である。

次に文殊菩薩は、「三人よれば文殊の知恵」という諺が示すように智慧を司り、すべての菩薩を指導したといわれている。釈迦如来の脇侍として左側（向かって右側）に仕える。

文殊菩薩とともに釈迦の右側に従うのが普賢菩薩だ。あらゆる仏の御利益《ごりやく》を代表しているといわれ、文殊が智慧を司るのに対して、普賢菩薩は修行を司るといわれている。

虚空蔵菩薩は決して壊れることのない虚空（果てしなく広がる空間）のように、広大無辺《むへん》の智慧と無量《むりょう》無辺の功徳《くどく》をもって衆生を救済してくれると考えられている。密教で発達した菩薩で、この菩薩を信仰し、その名を唱える人の罪を除き、福徳と智慧を授けてくれるという。来福祈願の本尊となる五大《ごだい》虚空蔵菩薩も造られる。

また、虚空蔵菩薩は偉大な記憶力を授けてくれるといい、この菩薩を本尊とする「虚空蔵菩薩求聞持法《ぐもんじほう》」という修法《しゅほう》が、盛んに行なわれてきた。弘法大師もこれを実践して、偉大な記憶力を授かったという。

さらに、釈迦が入滅してから弥勒菩薩が悟りを開いて仏となるまでの五十六億七千万年の間は無仏《むぶつ》の時代で、われわれが住む娑婆《しゃば》世界は五濁悪世《ごじょくあくせ》の闇黒《あんこく》時代になる。この無仏の時代に娑婆世界に留まって、衆生の救済に努めるのが地蔵菩薩だ。地蔵菩薩は数ある仏・菩薩の中でも、とくに慈悲深い菩薩として信仰され、人が死後、冥府《めいふ》(地獄)で閻魔《えんま》王の裁きを受けるときに助けてくれるといわれ、俗間で人気を集めてきた。また、幼くして亡くなった子供の親代わりになって子供を護ると信じられている。

最後に、菩薩の中で最も種類が多く、作例も多いのが観音菩薩であるが、これについては次項で詳しく述べることにする。

❖観音菩薩とは？

観世音《かんぜおん》菩薩、観自在《かんじざい》菩薩などともいわれ、菩薩像の中では最も人気があり、多く造られている。「世音」とは、世の中の人々が救いを求める音声のことで、それを余すところなく「観る（聞き届ける）」ことから観世音と呼ばれる。また、観自在の方は七世紀の玄奘三蔵《げんじょうさんぞう》による新しい訳語で、意味は観世音と同じである。自在とは、自由自在にすべての衆生の音声を聞き届けて、自由自在に救済することを意味する。

経典には、観音菩薩が三十三の変化身《へんげしん》を現わして衆生を救うと説かれることから、時代が下ると十一面観音や千手観音など、さまざまな観音が造られるようになった。しかし、基本となるのは聖観音《しょうかんのん》で、すでにガンダーラで二世紀ごろには登場した。阿弥陀如来の化仏《けぶつ》（分身）のついた宝冠をかぶるのが観音菩薩の目印で、右手に蓮華、左手に水瓶《すいびょう》を持って蓮台の上に立つのが一般的である。

ちなみに、三十三観音霊場や三十三間堂は、観音菩薩の三十三変化身にちなんで造られたものである。

❖観音菩薩の種類

聖観音、十一面観音、不空羂索《ふくうけんじゃく》観音、千手観音、如意輪《にょいりん》観音、馬頭《ばとう》観音、准胝《じゅんてい》観音などがあり、「七観音《しちかんのん》」あるいは聖観音を除いて「六観音《ろっかんのん》」と呼ばれている。

観音の基本は聖観音で、前項で述べたように、すでに二世紀ごろには登場した。聖観音はわれわれ人間と同じ一面二臂《いちめんにひ》（顔が一つ、手が二本）だが、観音菩薩がさまざまな姿を現わすという信仰から、種々の姿の観音が考えられるようになった。

聖観音に続いて考え出されたのが十一面観音である。一一の顔を四方八方に向けている姿を見た人々は、どこにいても救いを求める音声を聞き届けてくれると安堵した。この観音は早くから信仰を集め、日本でも作例はきわめて多い。

十一面観音が四方八方を見ていることで、ひとまず人々は安堵した。しかし、さらなる不安が生じた。十一面観音は観ているだけで、具体的な救済の手段に欠けると感じたのである。そこで今度は、具体的な救済の手段を持って現われたのが不空羂索観音だ。不空は空振りがないという意味。羂索は獲物を捕らえる縄のことで、人々を救済する道具である。つまり、百発百中の優れた羂索を持った不空羂索観音は、人々の願いをことごとく聞き入れ、必ず救済してくれる。十一面観音よりも少し遅れて成立したが、不空の羂索という、より具体的な救済手段を持ったことで、インドでは早くから絶大な信仰を集めた。

千手観音は文字どおり「千の手を持つもの」という意味で、詳しくは千手千眼《せんじゅせんがん》観自在菩薩という。これもヒンドゥー教のシヴァ神の別名で、千の眼で一切衆生《いっさいしゅじょう》の願いを漏らさず見届け、千本の手で救済してくれるといわれている。唐招提寺《とうしょうだいじ》（奈良県）や葛井寺《ふじいでら》（大阪府）の像に見られるように、奈良時代以前は実際に千本の手を持つ像も造られたが、後世は四〇本の手を持つものが一般的になった。また、手には仏像が持つあらゆる持物《じもつ》（第六章一五一ページを参照）を持っている。

如意輪観音の「如意」とは、願い事を何でも叶《かな》えてくれる如意宝珠《にょいほうじゅ》という、ありがたい珠のこと。「輪」は説法の象徴である法輪《ほうりん》の意味。如意宝珠と法輪を持って人々の煩悩を除き、願い事を叶えてくれるのが如意輪観音だ。中世以降は女性の間で人気を呼び、女性的な像が多く造られた。

優しい慈悲相《じひそう》の観音菩薩の中でただ一人、忿怒相《ふんぬそう》（怒りの表情）を見せているのが馬頭観音である。この観音は文字どおり「馬の頭を持つもの」という意味で、天馬《てんま》のように縦横に駆け巡り、あらゆる障害を乗り越えて衆生を救済するといわれている。日本では頭上に馬の頭を戴いていることから、馬の守護神となり、さらには交通安全の守護神として盛んに信仰されるようになった。

最後に准胝《じゅんてい》（提）観音は准胝《じゅんてい》（提）仏母《ぶつも》、七倶胝仏母《しちぐていぶつも》とも呼ばれている。仏母は仏（如来）の母親の意味で、この観音が衆生救済のために多くの仏を生み出したといわれている。菩薩が如来の生みの母というのはおかしな話だが、ともあれ経典にはそのように説かれている。また、准胝（提）観音だけが観音菩薩のトレードマークの阿弥陀の化仏《けぶつ》がなく、古くから観音ではないとする見解もある。

以上の六観音、ないしは七観音のほかに、大船《おおふな》（神奈川県）や高崎（群馬県）の観音で知られるものに白衣《びゃくえ》観音というのがある。民間で盛んに信仰された観音で、その名のとおり、白衣を着ているのが特徴である。インドでは出家の僧侶が黄色っぽい衣を着るのに対して、白衣は俗人の衣の色である。画像が多く、白衣を頭からかぶり、岩の上に座るものが多く見られる。息災除病《そくさいじょびょう》、安産、子育ての観音として篤《あつ》く信仰されている。

この白衣観音を基本に、柳の枝を持ち、万病を治すという楊柳《ようりゅう》観音、水に映った月を眺める姿が特徴で、出世や財産、旅行の安全を約束するという水月《すいげつ》観音、魚の籠《かご》を持つのが特徴で、鮮魚商や調理師の間で信仰される魚籃《ぎょらん》観音などの観音が造られた。

▲馬頭観音

▲不空羂索観音

▲魚籃観音

▲准胝観音

❖天が意味するもの

天は古くからインドで信仰されていた神々のことで、日本の八百万《やおよろず》の神に当たる。天の多くはインド最古の『ヴェーダ』という聖典の神話の中に登場し、これが仏教に取り入れられて、仏教の教えとその信者を守護することになった。仏像の中では天部《てんぶ》と呼ばれている。

天はその数が多く、仏像の中では最もバリエーションに富んでいるのが特徴だ。梵天《ぼんてん》・帝《たい》釈天《しゃくてん》・四天王《してんのう》・吉祥天《きっしょうてん》・弁才天《べんざいてん》・鬼子母神《きしもじん》・大黒天《だいこくてん》・閻魔天《えんまてん》などのほか、釈迦の眷属《けんぞく》（従者）として知られる八部衆《はちぶしゅう》や薬師如来の眷属の十二神将《じゅうにしんしょう》、あるいは、韋駄天《いだてん》や歓喜天《かんぎてん》など、実に多くの種類の天がある。

梵天は前述のヴェーダ聖典の中でも、最も早くから信仰されていた神で、もとは世界創造神としてヒンドゥー教の最高神だった。仏教の伝説の中では、釈迦のブレーン的な役割を果たす。また、帝釈天はもともと戦士を理想化した戦闘神だった。忉利天《とうりてん》という天界に住み、侍者を使って娑婆の様子を探らせ、悪事や不正を監視するといわれている。仏教に取り入れられてからは、釈迦の最強のガードマンとしての地位を得た。また、仏教を敵視する阿修羅《あしゅら》と戦い、これを破って仏教に帰依《きえ》させた話は有名である。

四天王はもともと、東西南北の方位を護る神で、これが仏教に取り入れられて、仏教の教えを護る護法神《ごほうしん》、世の中を護る護世神《ごせいしん》となった。寺院の本堂の四隅に安置され、東方に持国《じこく》天《てん》、南方に増長天《ぞうちょうてん》、西方に広目天《こうもくてん》、北方に多聞天《たもんてん》を配する。

四天王は四尊を一体にしてまつるが、北方の多聞天だけは単独でまつられる。これは多聞天が四洲を統括して護り、四天王の中で主導的な役割を果たすためである。単独でまつられた場合には、毘沙門天《びしゃもんてん》といわれる。

大黒天はインドではもともと戦闘神だったが、これが仏教に取り入れられ、とくに日本では恵比寿《えびす》・大黒と並び称されて、五穀豊穣、ひいては商売繁盛の神となった。

閻魔天はもともとインドで死後の世界の支配者だったが、中国に伝えられて独自の発展を遂げ、閻魔大王と呼ばれるようになった。わが国では、「閻魔さま」として親しまれている、目を見開き、大きな口を開けた閻魔大王の姿は、中国で造られたものが、日本に伝えられたのである。

また、仏像は基本的には男性であるが、天の像には初めて女性像が登場した。まず、吉祥天はインドで古くから吉祥（めでたいこと）を司る神として信仰されていたが、仏教に取り入れられて、五穀豊穣、財宝充足などを叶える神となった。また、毘沙門天の妃《きさき》、または妹ともいわれ、毘沙門天に従う像も造られる。インドの神話によれば、吉祥天は神々が乳《にゅう》海《かい》を攪拌《かくはん》したときに生まれたとされ、そのことから「大海から生まれた女」という意味で大《たい》海生《かいしょう》とも呼ばれる。

吉祥天とともに美人の誉れが高いのが弁才天だ。こちらは昔インドにあったというサラスヴァティーと称する河を神格化したものである。流水の音からの連想で音楽の神となり、音楽は言葉、弁舌に通じることから、智慧、学問、雄弁、技芸の神として信仰されるようになった。このような来歴から琵琶を持つ像が造られ、多くは水辺にまつられる。また、後世、日本では弁舌や智慧が商売を成功させる有力な武器になることから、商売繁盛の神として信仰され、財産を増やすということから「弁財天」と書かれるようになった。銭洗《ぜにあらい》弁天などは、この功徳を表わしたものだ。

鬼子母神はもとインドの悪鬼神《あくきじん》で他人の子供を捕まえては食べていた。だが、釈迦に諭されて子供を食べるのを止め、逆に子供の守護神となったという。

このほか、韋駄天《いだてん》は駿足で知られ、伽藍の守護神としてまつられる。八部衆《はちぶしゅう》は釈迦の眷属で、釈迦とその信者を保護する神である。興福寺の阿修羅《あしゅら》像が有名だ。二十八部衆《にじゅうはちぶしゅう》は千手観音専属の、また十二神将は薬師如来専属の眷属である。

▲鬼子母神

▲多聞天

▲火天

▲弁才天

❖十大弟子《じゅうだいでし》と羅漢《らかん》

十大弟子とは、釈迦の弟子の中で最も優れた一〇人のことである。彼らはみな釈迦の直弟子で、実在の人物をモデルにしたものといわれ、経典にはその名がしばしば出てくる。たとえば、『般若心経』には「舎利子《しゃりし》」という名が二回出てくるが、これは十大弟子の一人、舎《しゃ》利弗《りほつ》のことだ。

十大弟子は、仏教が中国に伝わってから崇拝されるようになったといわれる。その像も中国で造られたものだ。それが日本に伝えられて、多くの彫塑像《ちょうそぞう》や画像が造られた。

その十大弟子とは、次のとおりである。

(1) 悟りの智慧について深く理解していたことから、智慧第一といわれる舎利弗。
(2) 神通力《じんづう》(一種の超能力)に優れていたことから、神通第一と称される目犍連《もっけんれん》。
(3) 十大弟子のリーダー格で、釈迦亡き後は教団の中心になって活躍し、頭陀行《ずだぎょう》(きわめて禁欲的な厳しい修行)を実践したことから、頭陀第一と称される大迦葉《だいかしょう》。
(4) 「空」の思想に通じていたことから、解空《げくう》第一といわれる須菩提《しゅぼだい》。
(5) 説法が上手だったことから、説法《せっぽう》第一といわれる富楼那《ふるな》。

(6) 仏教の教えについて議論をすると、右に出る者がなかったことから、論議第一といわれる摩訶迦旃延《まかかせんねん》。
(7) 神通力のひとつである天眼通《てんげんつう》（いわゆる千里眼）を持っていたことから、天眼第一と呼ばれる阿那律《あなりつ》。
(8) 戒律の細かいところまでよく熟知していたことから、持律《じりつ》第一といわれる優波利《うばり》。
(9) 釈迦の一人息子で、戒律の細かい部分まで厳格に守る修行（密行《みつぎょう》）を実践したことから、密行第一といわれる羅睺羅《らごら》。
(10) 釈迦の従兄で、つねに釈迦に付き従ってその教えを一番よく聞いていたことから、多《た》聞《もん》第一といわれる阿難《あなん》（陀《だ》）。

以上、一〇人のうち舎利弗と目犍連は釈迦よりも先に亡くなり、大迦葉は釈迦の入滅（臨終）のときに布教の旅に出ていて、間に合わなかったと伝えられている。このことから、釈迦の入滅の様子を表わした「涅槃図《ねはんず》」には、この三人を描かない。

また、十大弟子は羅漢の原形ともいわれている。ただし、羅漢がわりあい自由奔放な姿に造られるのに対し、十大弟子は端正で厳格な修行僧の姿に表わされる。また、十大弟子、羅漢像ともに中国で造られたものだが、前者がインド風の風貌や風俗を意識しているのに対して、後者は中国風の風貌や衣装のものが多い。とくに、五百羅漢《ごひゃくらかん》などでは中国風の顔立ちの像が多く見られる。

羅漢は阿羅漢《あらかん》の略で、尊敬を受けるに値する人という意味。修行僧の最高の地位にある人だ。十六羅漢《じゅうろく》、五百羅漢など複数で表わされることが多いが、中でもさまざまな風貌や姿勢をした五百羅漢は、われわれに親しまれている。

❖五百羅漢は、なぜ五〇〇人なのか

紀元前五世紀、釈迦が亡くなった直後に「結集《けつじゅう》」という経典の編纂《へんさん》会議が開かれた。三五歳で悟りを開いた釈迦は、八〇歳で亡くなるまでの四五年間に八万四千《はちまんしせん》の法門《ほうもん》（教え）といわれるほど、膨大な数の教えを説いた。そして、その教えは弟子たちが聞いて、記憶していた。しかし、教えは口伝《くでん》で伝わるうちに間違って伝えられ、誤解を生む可能性がある。すでに、釈迦が亡くなるころには、そういうケースがあったのだ。

釈迦が生きているうちは、教えを説いた本人に直接たしかめて、間違いを正すことができる。だが、釈迦が亡くなった後には、それも叶わなくなる。それでは、将来、釈迦の教えがどんどん曲解されて、仏教の基盤を揺るがす事態にもなりかねない。そのことを憂慮した弟子たちが、仏滅後（釈迦が亡くなったあと）ただちに集まって相談し、経典の編纂会議を開いて、釈迦の教えの決定版を作ることにしたのである。

この経典の編纂会議を結集といい、二世紀ごろまでに四回開かれたと伝えられている。そして、仏滅後、すぐに行なわれたものを第一結集といい、十大弟子が中心となって進められ

▲羅漢

た。この第一結集には、インド各地から五〇〇人の修行僧が集まったといい、これを別名「五百結集《ごひゃくけつじゅう》」ともいう。

五百羅漢は、このときに集まった修行僧たちをモデルにしたといわれている。五百羅漢はもともとインド人をモデルにしているのであるが、中国で造られたために風貌や衣などは中国風である。また、五百羅漢は一人ずつ風貌や姿勢、衣などが違うが、これはインド各地からさまざまな性格や境遇の修行僧が集まったことを表わしており、五〇〇人を丹念に見ていくと、必ず誰かにそっくりな像があるといわれている。

中国には一七世紀に造られた「五百羅漢名号碑《みょうごうひ》」に五百羅漢の一人一人の尊名《そんめい》（名前）が列記されているほか、五百羅漢をまつることで有名な寺もある。日本でも福井の永平寺《えいへいじ》や川越《かわごえ》（埼玉県）の喜多院《きたいん》など、五百羅漢をまつる寺は少なくない。

ちなみに、羅漢の数は必ずしも五〇〇体とは限らない。たとえば川越の喜多院の五百羅漢は五三五体、東京・目黒の五百羅漢寺のものは三〇五体が安置されている。

❖明王《みょうおう》の意味とその種類

不動明王をはじめとする明王は、七世紀にインドで成立した密教が生み出したもので、もともとヒンドゥー教で信仰されていたインドの神々だった。密教では大日如来《だいにちにょらい》を宇宙の根元とし、釈迦如来をはじめとするすべての仏・菩薩・明王・天は大日如来から生まれた化身と考える。そして、大日如来の化身は教えを受けるものの性質や能力によって自性輪身《じしょうりんじん》、正《しょう》法輪身《ぼうりんじん》、教令輪身《きょうれいりんじん》の三通りの姿を現わすと考えられた。

自性輪身は大日如来や釈迦如来のように如来（仏）そのものの姿。正法輪身は正法（仏教の正しい教え）を伝えて衆生《しゅじょう》（すべての人々）を教化するために現わした菩薩の姿。そして、教令輪身は恐ろしい忿怒《ふんぬ》（怒り）の表情を現わした明王の姿である。

▲不動明王

世の中には如来や菩薩のように、優しい慈悲にあふれた姿で、教えを説いても、容易に言うことを聞かない強い煩悩《ぼんのう》（迷い）を持った人間（これを難化《なんげ》の衆生という）がいる。そういう人たちを、凄まじい忿怒の表情で有無を言わさず教え導くのが、教令輪身の明王なのだ。教令というのは「あらゆる衆生を教え導け」という大日如来の至上命令である。つまり、仏教の教えに従って、正しい生き方をするように教え導くということだ。

明王はこの命令に従って、導きがたい難物を強引に屈服させるのだ。ちょうど、母親がいくらやさしく諭しても言うことを聞かない子供に対して、ときに父親が雷を落とすようなものである。

しかも、明王はひとたび大日如来の命令を受けると、その任務を完璧に遂行する。そして、そのような困難な任務を遂行するために、世にも恐ろしい姿をして、さまざまな武器を手にしているのだ。

ただし、明王はひとたび、言うことを聞いて仏教の教えに従って修行に励むものには、従順な僕《しもべ》となって従うという。とりわけ、不動明王はつねに修行者に従う。不動明王の姿をよく見ると、恐ろしい顔とは対称的に、少年のような丸みを帯びた体つきをしている。これは、仏教に帰依して、修行に専念する者には、少年のような純真な心で仕えることを表わしたものだ。

明王の中で中心となるのが不動明王。その不動明王を中心として降三世《ごうさんぜ》明王、金剛夜叉《こんごうやしゃ》明王、軍荼利《くんだり》明王、大威徳《だいいとく》明王の五尊を五大《ごだい》明王として重要視する。東寺講堂の明王の檀には、この五大明王が安置されている（第四章一一九ページを参照）。ただし、五大明王はふつう集団でまつられ、単独の信仰があるのは不動明王のみである。

このほか、単独で信仰されているものとしては、愛欲という最も断ち難い煩悩を神格化した愛染《あいぜん》明王、忿怒相の明王の中で、ただ一人やさしい慈悲の相を浮かべる孔雀《くじゃく》明王、敵を撃退するすさまじいパワーを持つ大元帥《だいげんすい》明王、日本では主に民間で信仰されている烏枢沙摩《うすさま》明王、馬頭《ばとう》観音と同体の馬頭明王などがある。

❖わが国オリジナルの仏像

仏教が伝来してしばらくすると、仏教の仏・菩薩と日本古来の神々とを類似のものとする考えがしだいに浸透していった。仏教は比較的寛容な宗教なので、日本古来の神々を排斥することなく、どちらも尊いものであると考え、神仏を並べてまつるようになった。こうした仏教と神道《しんとう》が同居した状態を、神仏習合《しんぶつしゅうごう》と呼んでいる。

そして、平安時代の後半になると、日本の神は仏・菩薩が人々を救うために現わした仮の姿であるという考えが成立した。これを本地垂迹《ほんじすいじゃく》といい、八幡《はちまん》大菩薩のように菩薩の名を持つ神が現われ、また神に対して「権現《ごんげん》」や「明神《みょうじん》」という称号が授けられた。権現というのはインドに起源を持つ仏・菩薩が仮に現わした日本の神の姿という意味である。また、明神というのは明王の力を兼ね備えた神という意味である。春日大明神や神田明神、熊野権現などといわれるように、かつて霊験あらたかとされる神社は、「〇〇権現」「〇〇明神」の名で呼ばれた。このような本地垂迹思想に基づいて、神仏が渾然《こんぜん》となった信仰が盛んに行なわれ、明治維新の神仏分離《しんぶつぶんり》まで連綿と続いたのである。

そうした神仏習合から生まれたものとしては八幡神、蔵王権現《ざおうごんげん》、三宝荒神《さんぽうこうじん》、青面金剛《しょうめんこんごう》などがよく知られている。これらは仏像の分類では「垂迹」と呼ばれることもあり、日本オリジナルの仏像である。

八幡神をまつる八幡神社は、稲荷社と並んで日本で最もポピュラーな神社である。この祭神の八幡神は一般的には応神《おうじん》天皇といわれ、早くから朝廷で信仰を集めていた。

鎌倉時代になると、源氏が熱心に信仰したことから、武士の守護神として篤く尊崇されるようになった。そして、八幡神は早くから仏教と習合して「八幡大菩薩」という菩薩の称号を与えられ、「南無八幡大菩薩」という言葉が生まれるほど熱心に信仰された。

八幡神像としてよく見られるのは「僧形《そうぎょう》八幡」と呼ばれるもので、その名が示すとおり、僧侶の姿をしたものである。蓮華の台座に座り、錫杖《しゃくじょう》と数珠《じゅず》を持ち、日輪型の光背を背負っている。奈良・東大寺の快慶《かいけい》作の像をはじめ、多くの傑作が残され、神仏習合の代表的な像としてよく知られている。

蔵王権現は山伏《やまぶし》の祖と崇められる役行者《えんのぎょうじゃ》が吉野の金峯山《きんぶせん》に千日間、籠《こも》って修行をしているときに現われたという悪魔降伏の菩薩である。吉野の金峯山を中心とした修験道の行者の間で熱心に信仰され、全国各地にその信仰が広まった。山形県の蔵王は、この像をまつったことから地名になった。

三宝荒神は荒ぶる神（気性の荒い神）のことで、三宝は仏教の三つの宝、すなわち仏（如来）・法（仏の教え）・僧（仏教の教団）のことである。仏教を守護する荒々しい神というのが三宝荒神の意味である。これも役行者が感得したと伝えられ、略して荒神といい、「荒神さま」として親しまれている。

荒神は仏教を守護し、悪人を罰する神であるが、ひとたび怒らせると、すべての人々の幸福を破壊する恐ろしい力を発揮するということから、そう名付けられた。しかし、荒神の名は仏典にも見えず、また神道の神でもなく、まさに神仏習合の所産である。主に修験道で信仰されたが、カマドの神として民間で広く信仰を集めている。

最後に青面金剛《しょうめんこんごう》は一般に「庚申《こうしん》さま」の名で親しまれ、元来は疫病をはやらせるという迷惑な神である。なぜこのような神が信仰されたかといえば、悪い病気の根元である神を鎮めようとしたからである。

青面金剛は疫病の神にふさわしく、青い肌に蛇を巻きつけ、髑髏《どくろ》の装身具を身につけるなど、恐ろしい姿をしている。経典には四臂《しひ》像が説かれているが、実際に造られるのは六臂《ろっぴ》像が多く、また二臂のものもある。

この青面金剛が庚申さまと呼ばれるのは、中国の民間信仰の道教と習合したためである。道教では、人間の体の中には三尸虫《さんしちゅう》という虫が棲んでいて、これが庚申の日に天に昇って天神に人間の悪行を報告する。そうすると天罰が当たって、疫病が流行したりするから、この日には一晩中、寝ずの番をして、三尸虫を見張るというのである。仏教では青面金剛は帝釈天の使者とされ、病魔を祓《はら》い除くということから、庚申信仰と混交してまつられるようになった。

この庚申信仰は平安時代に日本に伝えられ、しだいに盛んになった。庚申の日は干支の組み合わせで六十日に一度やってくるが、この日には一晩中、寝ずの番をする、「庚申待ち」という行事が営まれるようになった。

また、日本ではこの日が「申《さる》」の日に当たることから、猿田彦神《さるたひこのかみ》や三猿《さんざる》（見ざる、言わざる、聞かざる）が祭神としてまつられるようになった。この夜は村人や縁者が集まって常

▲蔵王権現

▲三宝荒神

夜燈を灯して寝ずの番をするのであるが、しだいに一種のリクリエーションともなっていった。現在でも、山里などにはこの風習が残っているところがあり、また、路傍には庚申塚と呼ばれる青面金剛や三猿、あるいは「庚申塔」の文字を刻んだ石塔などがある。

❖高僧とは何か

高僧というのは、文字どおり高徳の僧のことである。仏教の歴史の中で大きな役割を果たし、その徳を慕われて信仰の対象になっている僧侶（修行者）である。インド・中国・日本などで、数々の高僧を輩出した。高僧像は中国で造られるようになったものだが、如来像や菩薩像のように一定の形式があるのではなく、基本的には歴史上の人物の肖像画として造られる。

その代表として親しまれているのが達磨大師《だるまだいし》像だ。また、長期にわたってインド求法《ぐほう》の旅をした玄奘三蔵《げんじょうさんぞう》、さらには苦難の末、日本にやって来て戒律《かいりつ》を伝えた鑑真和上《がんじんわじょう》。日本の祖師像としては、天台宗を開いた伝教大師最澄《でんぎょうだいしさいちょう》や真言宗の祖・弘法大師空海《こうぼうだいしくうかい》、日蓮宗を開いた日蓮上人の像などがよく見られる。僧侶ではないが、日本の仏教の基礎を固めた聖徳太子、『維摩経《ゆいまぎょう》』というお経の主人公で、在家でありながら仏教を深く理解していたという維摩居《ゆいまこ》士《じ》の像も人気だ。

　時代が下ると禅宗の高僧像が盛んに造られるようになる。禅宗では高僧像をとくに頂相《ちんぞう》といって重要視するが、よく知られているものに一休禅師像や、京都の西芳寺《さいほうじ》（苔寺《こけでら》）を作ったという夢窓国師像《むそうこくしぞう》などがある。また、禅宗ではその寺院を創建した開山禅師《かいざんぜんじ》の像がまつられている。開山禅師の中には仏教史上、必ずしも有名な人物ではないが、その寺院にとっては重要だという僧侶もいる。

▲達磨大師

　また、日本の高僧像として忘れてはならないのが、京都の六波羅蜜寺《ろくはらみつじ》の空也《くうや》上人像である。空也は平安時代の半ばに市中で念仏を勧めた人で、「念仏聖《ねんぶつひじり》」の名で親しまれている。六波羅蜜寺の像は「南無阿弥陀仏」の六文字が六体の阿弥陀仏になって口から飛び出す姿に造られたユニークなものである。

このほかにも、高僧像には実にさまざまなものがある。そして、本尊として内陣にまつられる如来像や菩薩像などと異なり、われわれと同じ視線にまつられるのが特徴である。それだけに親しみやすく、仏像鑑賞の一つの目玉ということもできる。ただし、唐招提寺《とうしょうだいじ》の鑑真和上像のように秘仏化したものは別である。

第四章

仏像の特徴と見分け方

❖シンプルな如来と派手な菩薩

王子として生まれた釈迦は二九歳のときに、地位、財産、係累などすべてのものを捨てて出家した。これについては、前にも述べた。出家後、無一物となった釈迦の姿をモデルにしたのが如来像、出家前の王子時代の姿をモデルに造られたのが菩薩像である（第一章四一ページを参照）。

王子時代の釈迦は豪華な衣装を着て、ネックレスやブレスレットなどさまざまな装身具を身に着けていた。このような王子時代の姿をモデルにした菩薩像は、宝冠《ほうかん》（冠）をかぶり、瓔珞《ようらく》（ネックレス）や腕輪などを身に着け、さまざまな持物《じもつ》を手にしている（第六章一五一ページを参照）。

いっぽう、出家後の釈迦はそれらの装身具をすべて捨て、一枚の破れ衣だけを身にまとって修行の旅に上った。このような出家後の釈迦をモデルにした如来像は、一枚の衣だけを着て、装身具を身に着けず、持物も持たない。

また、菩薩像が長い髪を結っているのに対して、如来像は頭頂が椀形に盛り上がり、髪の毛の部分はボツボツとした豆粒のようなもので覆われている。頭頂の盛り上がりを肉髻《にっけい》といい、豆粒のようなものを螺髪《らほつ》という（第五章一二八〜九ページを参照）。

ちなみに、中国や日本では如来像も菩薩像もともに裸足である。しかし、ガンダーラなどで造られた初期の仏像では如来像は裸足だが、菩薩像はサンダルを履《は》いているのが一般的だ。初期に仏像を造った人々は、出家前の釈迦と出家後の釈迦の姿を忠実に捉えていたということができる。

❖如来像の見分け方

如来像は「如来の通相《つうそう》」といって、みな共通の姿に造られる（プロローグ一六ページを参照）。したがって、基本的には如来像の種類を見分けるのは難しく、国宝級の著名な仏像の中にも、如来の名が特定できないものがある。しかし、如来の通相とはいっても、各如来は見分けるポイントとなる特徴を備えている。一般的にはその特徴を見れば、如来像は見分けがつく。

たとえば、如来像は持物《じもつ》を持たないのが原則だが、薬師如来だけはトレードマークの薬壺《やっこ》（万病を治す妙薬が入った壺）を持っている。釈迦如来と同じように右手は施無畏印《せむいいん》、左手は与願印《よがんいん》（第六章一四一ページを参照）に組んでいても、左手の与願印の上に薬壺が載っていれば、薬師如来であることが容易に分かる。

薬壺を持っていない場合でも、印が見分け方のポイントになることがある。親指と人差し指を曲げて、何かを弾くときのような形にした、薬師の三界印をとっていれば、薬師如来である。

また、阿弥陀如来の場合は、親指と人差し指、中指、薬指のいずれかで輪を作った九品来迎印《くぼんらいごういん》（第六章一四三ページを参照）を組む。両手とも指で輪を作っていれば、阿弥陀如来であることが容易に分かる。

ただし、奈良時代以前の古い像では、薬師如来は薬壺を持たず、阿弥陀如来は九品来迎印を組まない。たとえば、室生寺《むろうじ》（奈良県）の釈迦如来像は寺では釈迦如来といっているが、学術的には、薬壺を持たない薬師如来と考えられている。

また、見分けがつきにくいのが弥勒《みろく》如来像だ。これは弥勒菩薩が五十六億七千万年後に悟りを開いたときの姿を現わしたものだが、ほとんどが釈迦如来と同じように施無畏印、与願印を組んでいる。この場合は寺の伝承に頼るほかはない。

❖さまざまな姿の釈迦如来像

第一章で述べたように、釈迦の生涯は、降兜率《ごうとそつ》・托胎《たくたい》・出胎《しゅったい》（誕生）・出家《しゅっけ》・苦行《くぎょう》・降魔《ごうま》成道《じょうどう》・初転法輪《しょてんぼうりん》・涅槃《ねはん》（死）という八つの重要な時期に分けられた。これを「釈迦八相《しゃかはっそう》」といい、それぞれの時期を表わす釈迦像が造られるようになったのである。以下、主要な像についてご説明しよう。

▼誕生仏

伝説では、釈迦は生まれてすぐに七歩あるき、右手で天を指し、左手で地を指して、「天上天下唯我独尊《てんじょうてんげゆいがどくそん》」と言ったという。つまり、神々の住む天界でも、人間の住む地上の世界でも、自分一人が最も尊い存在だと宣言したのである。この釈迦の誕生の様子を表わしたのが誕生仏である。日本では四月八日が誕生日とされ、毎年この日には「花祭り」と称して、釈迦の降誕会《ごうたんえ》（灌仏会《かんぶつえ》）が行なわれ、小さな誕生仏に甘茶《あまちゃ》をかけてお祝いをする。

誕生仏は甘茶をかけることから、金属製のものがほとんどで、像高も二〇センチ前後と小型で、灌沐盤《かんもくばん》という甘茶を受ける水盤とセットになっている場合が多い。上半身が裸の幼児の姿に造られ、右腕は人差し指で天上を指して高く突き上げている。また、誕生仏は灌仏用に使われるから、ほとんどすべてがブロンズ製である。

▲釈迦誕生仏

▼苦行像《くぎょうぞう》

二九歳で出家した釈迦は、間もなく厳しい苦行生活に入った（第一章三二ページを参照）。その苦行生活は想像を絶するほど厳しいものだったので、周りで見ていた人が何度も釈迦は死んでしまったと思ったほどだったという。

過酷な苦行生活は六年間に及び、その結果、釈迦は目がくぼみ、歯や髪の毛は抜け落ちて、骨と皮だけになった身体は、血管だけが異様に浮き上がっていたという。この痛々しい姿を表わしたのが釈迦苦行像である。

インドでは彫塑像の例もあるが、中国や日本では画像に描かれることが多い。大徳寺（京都）真珠庵《しんじゅあん》の画像や法隆寺の彫像が有名である。

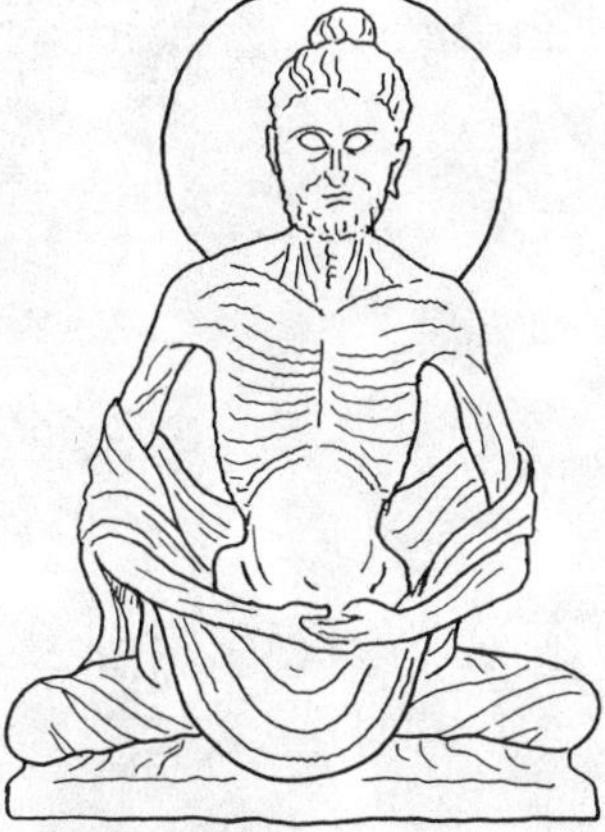

▲釈迦苦行像

▼降魔成道像《ごうまじょうどうぞう》

六年間の厳しい苦行にもかかわらず、道を極めることができなかった釈迦は、苦行が無意味であることを悟り、あっさりとそれを捨ててしまった。そして、苦《く》行林《ぎょうりん》（苦行をしていた林）を出た釈迦はナイランジャナ（尼連禅河《にれんぜんが》）という河で苦行で疲れた身体を清め、スジャータという村娘の用意した乳粥《にゅうじょう》を食べて体力を回復した。そして、対岸のピッパラ（菩提樹）の木の下に赴き、静かに座禅を組んで、悟りを開けなければ死んでもこの座を立たないと決意した。

七日目（一説に三日目）の暁、瞑想が深まって、まさに悟りを開こうとしたとき、悪魔がやって来て邪魔をした。そのとき、釈迦が右手を伸ばして人差し指を地面に触れた瞬間、地の神が加勢して、悪魔はことごとく退散した。そして、同時に悟りを開くことができたと伝えられている。このときの様子を表わしたものが降魔成道像である。日本ではあまり見られ

▲降魔成道像

ないが、タイなど東南アジア諸国ではよく見られる。

▼初転法輪像《しょてんぼうりんぞう》

悟りを開いた釈迦は、初めは悟りの内容を誰にも話さないで悟りの世界に安住してしまおうと思った。その内容があまりにも偉大で深遠なため、人に話しても理解できないだろうと考えたからである。

そのような釈迦の心中を悟った梵天《ぼんてん》が、是非ともその内容を明らかにして、苦悩にあえぐ人々を救済するようにと説得した。梵天の勧請《かんじょう》は三たびに及び、七日目に釈迦は黙然としてその勧請を受け入れた。これを「梵天勧請」

という。

人々を救うために説法を決意した釈迦は、最初に誰に説くべきかを思案した。そして、かつて六年間、苦行をともにした五人の行者のことを思い出し、彼らが苦行生活を続けている鹿野苑《ろくやおん》というところに向かった。釈迦が近づいてくるのを見た五人の行者は、初めは釈迦が苦行を捨てて堕落したものと見なし、軽蔑して相手にしなかった。

しかし、釈迦の神々しい姿に圧倒され、説法を聞いて共感した五人の行者は、すぐさま最初の仏弟子となった。この鹿野苑での最初の説法の姿を捉えたものが初転法輪像で、説法印を結んでいるのが特徴である。釈迦の説法はその後も幾度となく繰り返され、説法印の釈迦如来像も数多く造られた。しかし、鹿野苑における最初の説法は特別な意味を持つため、台座に鹿野苑を象徴する鹿や最初の弟子となった五人の修行者を刻んで、他の説法像と区別している。

▼涅槃像《ねはんぞう》

釈迦は三五歳で悟りを開き、八〇歳で入滅するまでの四五年間に、インド各地を巡歴して教えを広め、多くの信者を得た。この四五年の布教活動の詳細は明らかではないが、釈迦在世中に仏教がインド全土に広がる一大宗教になったことは確かである。

『大般涅槃経《だいはつねはんぎょう》』という経典には、釈迦の最後の旅について詳しく述べられている。

▲釈迦涅槃の図

すでに八〇歳を過ぎた釈迦は、従兄弟で弟子の阿難《あなん》など数名の弟子たちを連れて、最後の布教の旅に出た。途中、熱烈な信者だったチュンダという鍛冶屋《かじ》に招かれた。チュンダは貧しい鍛冶屋だったが、崇拝して止まない釈迦のために、できる限りのもてなしをした。しかし、釈迦はこのお斎《とき》（食事）に食べたキノコ入りの料理で中毒を起こし、激しい下痢と高熱に見舞われてしまった。

極度に衰弱して死期が近いことを悟った釈迦は、故郷に帰ろうとした。しかし、その願いを果たすことができず、クシナガラというところで最期を迎えたのである。

臨終に際して釈迦は沙羅双樹《さらそうじゅ》（二又の

沙羅の木）の間に寝台を設けさせ、そこに頭を北にし、右脇腹を下にして横たわった。釈迦に別れを告げようと、各地から大勢の人々が集まってきた。時ならずして、あらゆる花が一斉に咲いたという。

この釈迦の最期の様子を表わしたものが釈迦涅槃像である。東南アジアでは涅槃像が盛んに造られ、中には非常に大きく、一〇メートルを超えるものもある。

日本では彫塑像はまれで、ほとんどが画像（涅槃図）である。右腹を下にし、右手を手枕にして横たわる。両足は重ね、左手は体側に沿って長く伸ばしている。画像には沙羅双樹を描き、諸菩薩や天（神々）、仏弟子や在家の信者、そして動物や鳥や虫など、あらゆる生きものが嘆き悲しむ様子が描かれる。

日本では釈迦の命日は二月一五日とされ、毎年この日には各地の寺院で涅槃図を掲げて、「涅槃会《ねはんえ》」という法要が営まれる。とくに禅宗では重要な年中行事となっている。

❖文殊《もんじゅ》菩薩と普賢《ふげん》菩薩の見分け方

釈迦の脇侍《わきじ》として文殊菩薩は左（向かって右）に、普賢菩薩は右に従う。釈迦三尊像の場合は、左右どちらに従うかで文殊、普賢の見分けがつく。

また、文殊菩薩は右手に剣、左手に仏の教えを記した経巻を持って、獅子の上の蓮華座《れんげざ》（第七章一八〇ページを参照）の上に座る。経巻は一般的には巻物《まきもの》だが、中には長方形のものを持っている場合がある。これは梵篋《ぼんきょう》といって古代インドの経典の様式をかたどったものである。さらに、文殊菩薩には経巻や梵篋を直接持つものと、手に持った蓮華（ハスの花）の上に小さな経巻や梵篋を載せているものとがある。普賢菩薩は合掌して象の上の蓮華座に座る。

両者とも宝冠をかぶり、瓔珞《ようらく》などを身につけた姿だが、持物や台座を見れば区別は容易につく。

ところで、文殊菩薩は「三人寄れば文殊の智慧」という言葉があるように、優れた知恵を持つ菩薩として知られている。文殊菩薩の持つ剣は、その智慧が鋭く研ぎ澄まされていることを象徴し、経巻は智慧そのものを象徴したものだ。

さらに文殊が乗る獅子（ライオン）は、智慧の勢いが盛んであることを表わしているという。これは百獣の王・獅子の持つ強いパワーにあやかったものである。

また、普賢菩薩が乗る象は修行を象徴しているという。象は重い荷物や人を乗せて黙々と働く。象は、勤勉な動物として敬われてきた。

釈迦三尊像の場合、文殊は釈迦が衆生を救済するときに、その智慧の部分を補佐し、普賢

▲普賢菩薩

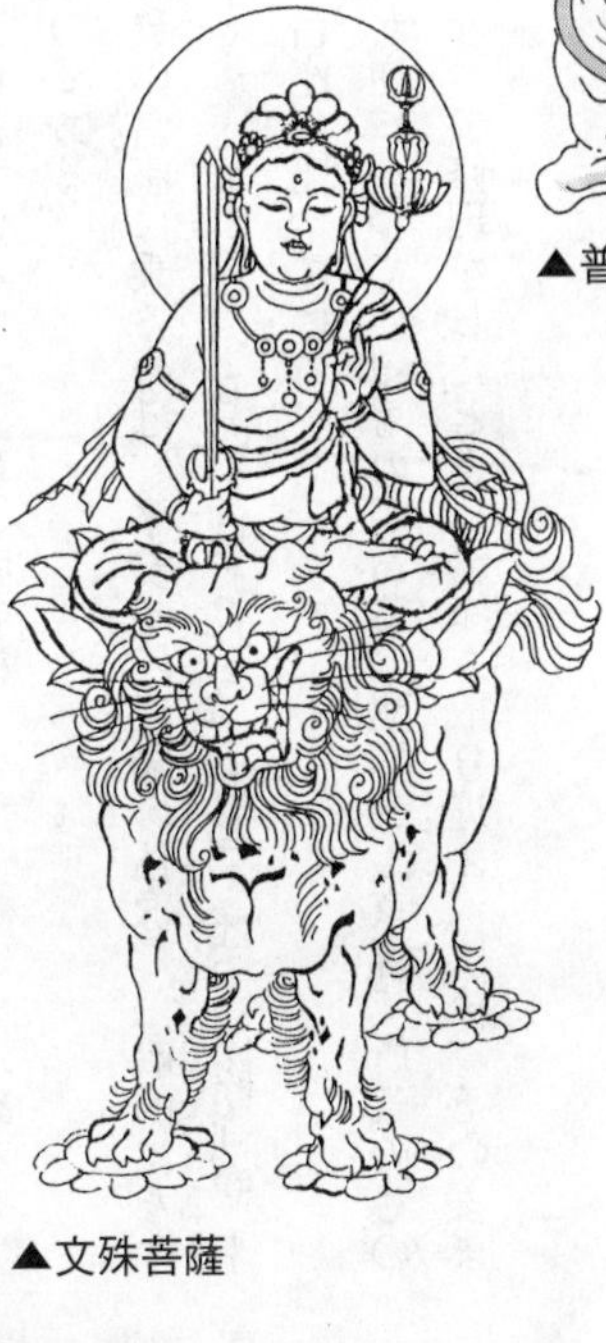

▲文殊菩薩

菩薩は修行の部分を補佐すると考えられている。つまり、両者相まって、救いを求める衆生に智慧を授け、仏道修行を助けるのである。

ところで、文殊、普賢が獅子や象の台座に乗るのは、平安時代以降の仏像で一般的になった。それ以前の古い像では、獅子や象に乗らないものも見られる。たとえば、法隆寺の上御堂《かみのみどう》のものは、両菩薩とも方形の台座に座っている。

また、まれに文殊、普賢の左右が逆になっているものがある。醍醐寺《だいごじ》（京都）所蔵のものがその好例である。これは近世になって修理をしたときに台座を取り違え、以後、そのままになっているからだという。

❖文殊と普賢だけではない釈迦如来の脇侍《わきじ》

文殊菩薩と普賢菩薩が釈迦如来の脇侍の定番になるのは、平安時代以降のことで、それ以前の釈迦三尊像では文殊、普賢以外の菩薩が脇侍として従うこともある。

たとえば、奈良時代以前の古い釈迦三尊像では、左（向かって右）に薬王《やくおう》菩薩、右に薬《やく》上《じょう》菩薩が従うものがある。法隆寺金堂の釈迦三尊像がこの組み合わせだ。

名医が適切な診断と治療によってすべての病を治すように、釈迦は説法によって衆生の心の病を治す。このことから、釈迦は名医の中の名医にたとえられて、「医王《いおう》（医者の王）」とも呼ばれる。そして、薬王菩薩と薬上菩薩は兄弟で、世界中の薬草を集めて医王を手伝うとされる。薬王、薬上の両菩薩が釈迦に従うのは、以上のような理由によるのである。

薬王菩薩と薬上菩薩については、必ずしも決まった姿があるわけではなく、宝冠をかぶって瓔珞を身につけた一般的な菩薩の姿に造られる。ただし、前述した法隆寺の脇侍についていえば、手のひらにビー玉ぐらいの大きさの玉を持っているのが特徴で、一説にこの玉は丸薬を表わしているともいわれている。

さらに、禅宗寺院の場合は、釈迦如来の脇侍として十大弟子のうちの大迦葉《だいかしょう》（向かって右）と阿難《あなん》（同左）が従う（第三章八二ページを参照）。禅宗の僧侶は釈迦を修行の目標とし、その直弟子である十大弟子を、いわば兄弟子に見立てる。そこで、十大弟子の中でリーダー格の大迦葉と、終生、釈迦の近くに仕えていた阿難の二人を代表として、釈迦の脇侍としたのである。

❖観音菩薩と勢至《せいし》菩薩

昔から阿弥陀三尊像の脇侍として、「左観音、右勢至」といわれている。観音菩薩は左

(向かって右)脇侍として、勢至菩薩は右脇侍として従う。

観音菩薩は阿弥陀如来との関係がとくに深く、阿弥陀如来が人を極楽浄土に迎えに来るときに率先して手伝う。このことから、観音菩薩は頭上に阿弥陀如来の化仏《けぶつ》(分身)をつけているのが特徴だ。いわば、阿弥陀如来の一の子分であるという印である。

観音菩薩には、十一面観音や千手観音などさまざまな姿のものがある。阿弥陀の脇侍として従う場合は、ほとんどが聖観音《しょうかんのん》である(第三章七三ページを参照)。また、脇侍の場合、両手で蓮台《れんだい》(蓮華をかたどった台座)を捧げ持っているものが見られる。この蓮台に乗せて、亡くなった人を極楽浄土に連れて行くのである。

一方、勢至菩薩は観音の大悲《だいひ》(偉大な慈悲)の勢力(エネルギー)を得て、衆生に菩提心《ぼだいしん》(悟りを得ようとする心)を起こさせることに尽力する。観音の偉大な勢力を得ることから「得大勢《とくだいせい》」とも呼ばれ、その勢力を持ってこの世に至るから、勢至菩薩と呼ばれるのである。このように、勢至菩薩は観音菩薩との関わりが深く、したがって阿弥陀如来とも深く関わることになったのである。

勢至菩薩は頭上に水瓶《すいびょう》をつけているのが特徴である。水瓶は観音菩薩の持物として知られているもので、中には願い事を叶えてくれる功徳水《くどくすい》が入っている(第六章一五五ページを参照)。水瓶をトレードマークとすることからも、観音菩薩との関わりの深さがうかがえる菩薩である。観音菩薩が単独でまつられることが多いのに対して、勢至菩薩はもっぱら阿弥陀の脇侍としてまつられる。したがって、阿弥陀如来の右（向かって左）に従うのは、必ず勢至菩薩と見ることができる。

❖見分けがつきにくい、弥勒菩薩と如意輪観音

京都の広隆寺の半跏思惟像《はんかしゆいぞう》で有名な弥勒菩薩は、右手を頬のところにかざしている（第二章五二ページを参照）。この右手は考えるポーズで、思惟手《しゆいしゆ》という。弥勒菩薩は釈迦が亡くなってから五十六億七千万年後に、われわれが住む娑婆《しやば》世界に降りて来て、悟りを開き、釈迦の救いに漏れた人々を救済するといわれている。思惟手は娑婆世界に降りてから、衆生をどのように救うかを考えているポーズであるという。

弥勒菩薩の専売特許になっているような思惟手だが、如意輪観音もその一手を思惟手にする。そして、古くは二臂《にひ》（腕が二本）の如意輪観音が造られたため、弥勒菩薩と判別がつかないものもあるのだ。このため、奈良の中宮寺の半跏像などは長らく如意輪観音とされ、現在でも中宮寺では如意輪観音としている。

また、釈迦もこの世で悟りを開く前に兜率天《とそつてん》（第一章三二ページを参照）という天界に上

って、同じように悟りを開いた後の構想を練ったと伝えられている。そのことから、釈迦の成道《じょうどう》前（悟りを開く前）の姿を表わした悉達太子樹下静観像《しっだたいしじゅかせいかんぞう》など、弥勒菩薩と同じような思惟手をとる像が造られている。「悉達太子」というのは釈迦の出家前の名前で、サンスクリット語名のシッダールタの音写（原語の発音を漢字に写したもの）である。少年のころ、木の下で瞑想をしたという伝説から「樹下静観像」というものが造られた。前述した広隆寺の弥勒菩薩半跏思惟像も「悉達太子像」と呼ばれていたことがある。

❖こわい顔も持つ十一面観音

いうまでもなく十一面観音は一一の顔を持つことから、そのように称されている。しかし、数えてみると、顔の総数は一三面あることが分かる。

まず、中央の大きな顔を本面《ほんめん》といい、頭上の正面に三面、左右に三面ずつ、そして、後頭部に一面、頭頂に如来の顔が一面、そして、額の上に阿弥陀の化仏《けぶつ》がついている。したがって合計一三の顔があるが、このうち、頭頂の一面と化仏は勘定に入れない。そこで、名前のとおり十一面観音となるわけだ。

一一面の内訳は、正面の三面が菩薩の慈悲の顔、向かって右の三面が瞋怒《しんぬ》（眉根に皺を寄

▲十一面観音

せた怒りの表情）の顔、向かって左の三面が牙を持つ狗牙《くが》上出相《じょうしゅつぞう》、そして、後頭部に暴悪大笑相《ぼうあくたいしょうぞう》というものが一面ある。この一〇面に、本面と呼ばれる正面の大きな顔を加えて一一面となる。

正面の菩薩面は観音を信じる善良な衆生に対して、大慈悲心を起こして安楽を与えるという。また、向かって右の瞋怒面は、偉大な慈悲の心を起こして悪を懲らしめ、衆生の苦しみを除く相であるという。さらに、狗牙上出相は行ないの正しい人を讃嘆し、その人がさらに仏道修行に励むことができるように守護してくれる相だという。後頭部の暴悪大笑相は、あらゆる悪を暴いて快笑し、行ないの悪い者を責めて正しい道に向かわせるという。最後に頭頂の如来面は仏道に従って精進する者に対して、大乗仏教の最上の教えを説くことを表わしているという。

このように、十一面観音の頭上の顔には、さまざまな表情が含まれているのである。拝観の折には本面だけでなく、頭上の顔もよく確かめていただきたい。そうすれば、この観音が衆生を救うために、さまざまな能力を発揮しようとしていることが分かる。

また、化仏は本面にのみ載せるのが一般的だが、一一面すべてに載せているものもある。一〇面は修行中の菩薩を表わし、本面は修行の結果として得られた如来の境地を表わしている。

❖五大明王《ごだいみょうおう》の見分け方

五大明王とは不動明王、降三世《ごうさんぜ》明王、金剛夜叉《こんごうやしゃ》明王、軍荼利《くんだり》明王、大威徳《だいいとく》明王の五尊で、不動明王以外は単独でまつられることはなく、五体一組でまつられる（第三章八九ページを参照）。すべて、恐ろしい忿怒相《ふんぬそう》（怒りの表情）をして、さまざまな武器を手にしていることから、一見、見分けがつきにくい。しかし、それぞれの尊像に見られる一、二の特徴を把握しておけば、容易に見分けがつく。

まず、いちばん分かりやすいのが不動明王だ。右手に剣、左手に煩悩を縛りつける羂索《けんじゃく》を持っている（第六章一五九ページを参照）。立像と座像があるが、五大明王としてまつられるときには座像が多い。また、五大明王の中では唯一、一面二臂像（われわれ人間と同じく顔が一つ、手が二本の像）である。

▲金剛夜叉明王

▲降三世明王

▲大威徳明王

▲軍荼利明王

降三世明王は三界《さんがい》、すなわち、われわれ衆生が輪廻《りんね》転生《てんしょう》する欲界《よっかい》、色界《しきかい》、無色界《むしきかい》の三つの世界のすべての煩悩を調伏する明王である。このことから「降三世」、すなわち三世（三界）を調伏する王の名がある。

四面八臂が多く、焔髪大悪忿怒相《えんぽつたいあくふんぬそう》という、とくに恐ろしい顔に造られ、額にタテに第三の目を刻む。降三世明王印という小指を絡めた独特の印を組むのが特徴だ（第六章一四九ページを参照）。「焔髪」は炎のように逆立った髪のことで、不動明王を除く四大明王に共通の髪形である。

また、左足でヒンドゥー教の最高神であるシヴァ神を、右足でその妻のウマーを踏みつけている。この夫妻は仏教の教えに疑念を抱いたため、それを正すべく降三世明王が踏みつけているという。

金剛夜叉明王の金剛とはダイヤモンドのことで、ダイヤモンドのように最も硬く優れた性質を神格化したものと見られている。つまり、何ものにも劣らない優れた力であらゆる煩悩を破壊するのが、この明王の真骨頂である。

三面六臂の忿怒形が一般的。この明王の特徴は、何といっても目が五つあることだ。遠くからでは見にくいが、通常の二つの目に平行した目が二つ、眉間に縦にもう一つ目がある。多彩な仏像の中でも、目が五つもあるのはこの明王だけである。

軍荼利明王は一切の悪鬼を調伏し、甘露《かんろ》(悟りの智慧)をもって衆生に無限の功徳を与えるといわれている。

一面三目八臂像が最もよく見られ、顔は雷電黒雲《らいでんこくうん》という、明王の中でもとくに凄まじい忿怒の相に作られ、手足には多くの蛇を巻きつけているのが特徴。蛇は煩悩の象徴で、この明王が煩悩をことごとく征服することを表わしている。左右の第一手は胸前で交差させた特殊な印を組む。これを跋折羅印《ばさらいん》といい、軍荼利明王に特有の印で、煩悩を打ち砕く強い力を表わす。

大威徳明王は別名、大威徳忿怒明王ともいう。古くから戦勝祈願の本尊として信仰されてきた。六面六臂六足像で、水牛に乗る。水牛に乗るのは、水牛が田んぼの泥の中を自由に歩き回るように、穢《けが》れた娑婆《しゃば》世界であらゆる障害を乗り越えて、自由に進むことを表わしているという。

足が六本あることから「六足尊《ろくそくそん》」とも言われる。多面多臂像は多いが、多足像というのは大威徳明王だけである。

最後に五大明王の安置の仕方であるが、東寺の講堂などでは不動明王を中心に、向かって右前方に降三世明王、右後方に金剛夜叉明王、向かって左前方に軍荼利明王、左後方に大威徳明王を配している。

しかし、不動明王を中心に横一列に安置する場合も多い。この場合は向かって左から、大威徳明王、軍荼利明王、不動明王、降三世明王、金剛夜叉明王の順でまつられる。

ちなみに、各地の寺院にある「五大堂《ごだいどう》」という建物は、五大明王をまつったお堂だ。松島（宮城県）の瑞巌寺《ずいがんじ》や京都の醍醐寺《だいごじ》の五大堂が有名である。

第五章

仏像の顔と形の見方

❖三十二相《そう》・八十種好《しゅごう》——如来のさまざまな特徴

インドでは仏教が興起する以前から、偉大な人物には凡人と異なる、さまざまな身体的な特徴があると考えられていた。その特徴をまとめたのが「三十二相・八十種好」で、ふだんわれわれが目にしている仏像にも、これらの特徴が備わっている。仏像を拝観するときの参考にしてほしい。三十二相、八十種好は次のとおりであるが、この中には目に見えないものも含まれている。

第一相「足下安平立《しっかあんぺいりつ》相」……足の裏に土踏まずがない。いわゆる偏平足《へんぺいそく》である。第二相「手《しゅ》足具千輻輪《そくぐせんぷくりん》相」……手のひらと足の裏に法輪（車輪）がある。第三相「手指繊長《しゅしせんちょう》相」……手の指が長い。第四相「手足柔軟《しゅそくにゅうなん》相」……手足が柔軟である。第五相「手足指縵網《しゅそくしまんもう》相」……手足の指の間に水掻《みずか》きがある。第六相「足跟満足《そっこんまんぞく》相」……踵《かかと》がふっくらとしている。第七相「足趺高《そくふこう》相」……足の甲が高い。第八相「腨如鹿王《せんにょかおう》相」……カモシカのようなほっそりとした腨脛《ちょうけい》（脚）。第九相「手過膝《しゅかしつ》相」……手の先が膝まで達する。第十相「陰蔵《おんぞう》相」……男根が体中に隠されている。第十一相「身広長等《しんこうちょうとう》相」……身長と両手を広げた長さが同じである。第十二相「毛上向《もうじょうこう》相」……すべての体毛は上に向かってなびき、右旋回している。第十三相「一一孔一毛生相《いちいちこういちもうしょう》」……一つの毛孔に必ず一本ずつ瑠璃《るり》色の毛が生えていて、右旋回する。第十四相「金色《こんじき》相」……身体の色が金色であること。第十五相「丈光《じょうこう》相」……四方に一丈の光があり、仏はつねにその中にいる。これを表わしたのが光背である（第七章一七〇ページを参照）。第十六相「細薄皮《さいはくひ》相」……皮膚が滑らかで潤いがあり、しかも汚れない。第十七相「七処平満《しちしょへいまん》相」……両手、両足、両肩、首の七ヶ所の肉がとくにふくよかなこと。第十八相「両腋下平満《りょうえきかへいまん》相」……腋の下の肉付きがよいこと。第十九相「上身《じょうしん》如獅子《にょしし》相」……如来の上半身はがっちりとして、すべての行動が獅子のように威厳に満ちていること。第二十相「身端真《しんたんしん》相」……仏の身体は広大で、この上なく端正であること。第二十一相「肩円好《けんえんごう》相」……肩の肉付きがよく、豊満なこと。第二十二相「四十歯《しじゅっし》相」……常人は歯が三二本、頭骨が九つだが、仏は歯が四〇本、頭骨が一個だけである。第二十三相「白歯斉密《びゃくしせいみつ》相」……歯が純白で、歯並びがきわめて良いこと。第二十四相「牙白《げびゃく》相」……四十歯の他に二本の牙があり、色が雪のように白いこと。第二十五相「獅子頬《しきょう》相」……頬が獅子のように平らで広いこと。第二十六相「味中得上味《みちゅうとくじょうみ》相」……仏の口は最上の味のものを得ることができる。第二十七相「広長舌《こうちょうぜつ》相」……舌が薄くて広く、長いこと。第二十八相「梵声《ぼんじょう》相」……仏の声がよく通り、優れていること。第二十九相「真青眼《しんしょうがん》相」……仏の目は青く、青蓮華のようであること。第三十相「牛眼睫《ごがんしょう》相」……睫毛《まつげ》が牛の睫毛のように整っていること。第三十一相「肉髻《にっけい》相」……頭頂の肉が盛り上がっていること。第三十二相「眉間白毫《みけんびゃくごう》相」……眉間に白い毛が右旋していること。また髪は螺髪《らほつ》で青紺色であること。

この他に、胸に卍を表わした「胸上卍字《きょうじょうまんじ》相」を挙げる経典もある。

次に八十種好のうち可視的な（目に見える）ものは、以下のとおり。

第一「鼻直高好孔不現《びちょくこうごうこうふげん》」……鼻が高く真っ直ぐで、鼻孔が見えないこと。第二「眉如初生《びにょしょせい》月紺瑠璃色《げつこんるりじき》」……眉は新月（細い三日月）のように弧を描き、色は瑠璃色である。第三「耳《じ》輪垂成《りんすいせい》」……耳朶《じだ》が長く垂れていること。第四「爪如赤銅色薄而潤沢《そうにょしゃくどうじきはくじじゅんたく》」……爪の色は赤銅色に近く、つねに潤いがある。第五「指長繊円《しちょうせんえん》」……指が長く細く、円いこと。第六「脣《しん》赤如頻婆果色《しゃくにょびんばかじき》」……唇は赤く、頻婆果（赤い色の果実）のようである。第七「臍深円好《さいじんえんごう》」……臍《へそ》が深くて円い。第八「毛右旋《もううせん》」……体毛はすべて右旋する。第九「広長眼《こうちょうがん》」……目が広く長いこと。第十「臍不出《さいふしゅつ》」……臍が出ていないこと。第十一「辺光各一丈《へんこうかくいちじょう》」……身辺に一丈の光がある。第十二「髪色好如青珠《ほつじきごうにょせいじゅ》」……髪の色は青珠のように青いこと。

❖仏は眉間から光を放つ

仏像の眉間のところに見える、大きなホクロのようなものが、「眉間白毫相」である。白

▲如来の三十二相のうち代表的なもの

毫とは「白い毛」のことで、如来の眉間には、一筋の白い毛が右巻きに渦巻いているという。そして、仏が衆生（すべての人々）のために説法をするときや、慈悲を発揮して衆生を救おうとするとき、白毫が真っ直ぐに伸びて、光を発するといわれている。

仏典には、白毫は、ふだんは直径一寸（約三センチ）、長さ三寸（約九センチ）の大きさだが、伸びると五尺（約一・五メートル）、あるいは一丈五尺（約四・五メートル）になると記されている。

この眉間白毫相は、もともと如来の特徴だが、観音菩薩や地蔵菩薩など、他の仏像にも見られる。また、如来像でも白毫のないものがある。

また、白毫が光を放つということから、水晶などでそれを造って、ほのかな光を発するように工夫した仏像も多い。

❖金色《こんじき》相——仏の身体は金色

薬師寺の本尊の薬師如来像は黒光りしている。また、広隆寺の弥勒《みろく》菩薩《ぼさつ》半跏《はんか》思惟像《しゆいぞう》は鈍い茶色だ。現代人は古色を好み、金ピカの仏像を敬遠する傾向がある。しかし、本来、仏像の色は金色《こんじき》と決まっているのである。薬師寺の薬師如来像や広隆寺の半跏思惟像、さらには東大寺の大仏も造立当初は、眩《まばゆ》いばかりの金色に輝いていた。今も一部に金色の痕跡を残している。

なぜ、仏像が金色に輝くかといえば、仏像が一丈の光の中に中にいるからであり（第十五相「丈光相」）、あるいは、光明というように、光そのものと考えられているからである。また、寺院の中心になる建物を金堂というが、これは金色の仏像（本尊）を納めた建物という意味である。

ちなみに、仏像は古色を良しとするようになったのは、明治以降、仏像の文化財としての価値が認められるようになってからのことである。江戸時代までの人々は、金色に輝く仏像に御利益があると信じていたと思われる。

❖なぜ仏像の耳には穴が開いているのか

仏像の耳朶は長く垂れ下がっている（耳輪垂成《じりんすいせい》）。そして、垂れ下がった耳朶には穴が開いているが、これはかつて大きな耳輪（ピアス）をしていたときの痕跡だといわれている。

王子として生まれ育った釈迦は、王侯貴族の衣装を身にまとい、豪華な装身具（アクセサリー）を身に着けていたが、二九歳のとき、地位、財産、係累とともにそれらの衣装や装身具をすべて捨てて出家した（第一章三二ページを参照）。

このとき、耳には豪華な耳輪をしていたが、もちろんこれも捨てた。しかし、長年の間に耳輪の重みで耳朶の穴が広がり、悟りを開いたのちもその穴は塞《ふさ》がらなかった。そこで、如来の耳には穴が開いているというのである。

もともとこれは如来の特徴の一つだが、観音菩薩など他の仏像の耳にも穴が開いている。

❖螺髪《らほつ》――如来だけに見られる髪形

如来像の頭は豆粒をたくさん並べたようにボツボツしている。これを螺髪といい、観音菩薩や文殊菩薩などが長い髪を結っているのに対して、如来像だけに見られる特徴である。

豆粒のような一つ一つは、髪の毛が右巻きに巻いたもので、法螺貝《ほらがい》のような形をしているから、螺髪といわれる。現代でもインドのヒンドゥー教などの修行者は、髪の毛を長く伸ばし、全体をちょうど法螺貝のように巻き上げている。

この髪型は仏教が興る以前から、行者の風俗として定着していたようで、あるいは螺髪はこれにヒントを得たものかもしれない。

❖肉髻《にっけい》——何を示すのか

如来像は頭頂の部分が椀形に盛り上がっている。一見、髷《まげ》を結っているように見えるが、如来の髪は短い螺髪で、椀形に結い上げることはできない。これは肉髻相（第三十二相）という、如来だけに見られる特徴である。

▲螺髪、肉髻、三道

この肉髻は頭頂の肉が盛り上がったものだという。なぜ、如来だけ肉が盛り上がっているかについて、ハッキリしたことは分からない。如来は特別すぐれた知恵を持っていることから、脳の容量も大きいと考えたのかもしれない。

肉髻は古い仏像ほど高く、時代が下ると低くなってくる。たとえば、日本最初の本格的な仏像として知られる飛鳥大仏《あすかだいぶつ》（六世紀末）や法隆寺の釈迦如来像（七世紀はじめ）の肉髻は高く、東寺《とうじ》（京都）の本尊の薬師如来像など、室町時代に造られた仏像の肉髻は低い。

❖手足に現われた説法の証し

如来の足の裏や手のひらに現われた法輪を「千輻輪《せんぷくりん》」という。法輪は釈迦の説法を転輪《てんりん》聖王《じょうおう》の戦車の車輪にたとえたもので、理想的な聖王である転輪聖王の無敵の戦車がすべての敵を駆逐するように、完璧な釈迦の説法はすべての人を教え導いて、正しい道に向かわせると考えられたのである（第六章一五五ページを参照）。

ちなみに、千輻輪の「輻」というのは、車軸から放射状になって車輪を支えるスポークのことで、それが千本あるということは、完璧な車輪であることを表わす。

釈迦は三五歳で悟りを開いてから八〇歳で亡くなるまでの四五年間、インド各地を巡って数限りない説法をした。その過程で知らず知らずのうちに、手足に法輪が現われたというのである。これも如来像だけに見られる特徴である。

奈良の薬師寺のものをはじめとして、全国各地には釈迦の足跡を刻んだという仏足石《ぶっそくせき》があり、そこには必ず法輪が刻まれている。また、薬師寺本尊の薬師如来像などは、手にも法輪を刻んでいる。

❖お釈迦さまは偏平足!?

釈迦の足の裏には土踏まずがない。いわゆる偏平足である（第一相「足下安平立相」）。

これも前項で述べた千輻輪相と同じように、布教の旅をした結果、現われた特徴だという。つまり、長年にわたって各地を巡歴したために、土踏まずがなくなったというのである。そういわれても実感が湧かないが、たとえばマラソン選手の中には、年間を通じて練習や試合で非常に長い距離を走るため、足が大きくなって、それまでの靴が入らなくなる人がいるという。あるいは釈迦にも、同じようなことが起きたのかもしれない。

また、立像の場合、土踏まずがないことで足が地面に密着し、安定感が増すという。つまり、像が倒れにくくなるわけ。これもわれわれには分かりにくいが、古代インドの人はそのように感じたのだろう。

最初に述べたように、足下安平立相は如来の特徴だが、菩薩像や明王像などにもこの特徴は見られる。仏像を拝観する折には、足の裏をぜひとも確認していただきたい。

❖仏の歯は、なぜ四〇本もあるのか

われわれ常人の歯は上下合わせて三二本であるのに対し、釈迦の歯は四〇本あるという（第二十二相「四十歯相《しじゅっしそう》」）。

釈迦は二九歳で出家してから六年間、きわめて厳しい苦行をした。その結果、身体は痩せ衰えて骨と皮だけになり、歯や髪の毛はことごとく抜け落ちた。このときの姿を捉えた苦行像の中には、歯がなくなって口元がすぼんだ様子をリアルに表現しているものもある（第四章一〇二ページを参照）。

しかし、苦行では悟りに至ることができないと考えた釈迦は、菩提樹の下に行き、瞑想によって悟りを開こうとした。その結果、数日後の暁に、ついに悟りを開いて仏陀となったことは繰り返し述べた。

つまり、釈迦は悟りを開くことによって生まれ変わったのであり、そのときに、抜け落ちた歯や髪の毛も新しく生えてきた。そして、その新しい歯が四〇本だったというのである。

なぜ如来の歯が四〇本かについては、ハッキリしたことは分からないが、おそらくすべてのものを美味しく食べるという第二十六相の「味中得上味相《みちゅうとくじょうみそう》」に関係があるのだろう。つまり、常人が噛み砕くことができないようなものでも、四〇本の歯で噛めば、何でも美味しく食べることができる。それを表わしているものと思われる。

また、如来の歯は雪のように白く、歯並びが整っているという（第二十三相「白歯斉密《びゃくしせいみつ》相」）。われわれ人間の歯は長年使っているうちに黄色みを帯びたり、歯並びが悪くなったりする。しかし、如来の歯は永遠に乳歯のような純白を保っているということだ。

このような特徴を持つ釈迦の歯（仏歯《ぶっし》）は、仏舎利《ぶっしゃり》（釈迦の遺骨）の中でもとくに尊いものとされている。スリランカ（セイロン）の仏教の中心の寺院は仏歯寺といい、仏歯をまつった寺院だ。また、日本で唯一の釈迦の真骨《しんこつ》（本物の仏舎利）も仏歯で、名古屋の日泰寺《にったいじ》という寺にまつられている。

ちなみに、上述した四十歯相や白歯斉密相は如来だけの特徴であるが、歯を出した如来像は存在しない。したがって、これらの相を実際に見ることはできないのである。

ただし、仏像の中には明王像や天部の像など、歯を露《あらわ》にした像も少なくない。

❖如来の手足には水掻《か》きがある

如来の手足の指には、水鳥のような水掻きがある。これを「手足指縵網相《しゅそくしまんもうそう》」（第五相）と

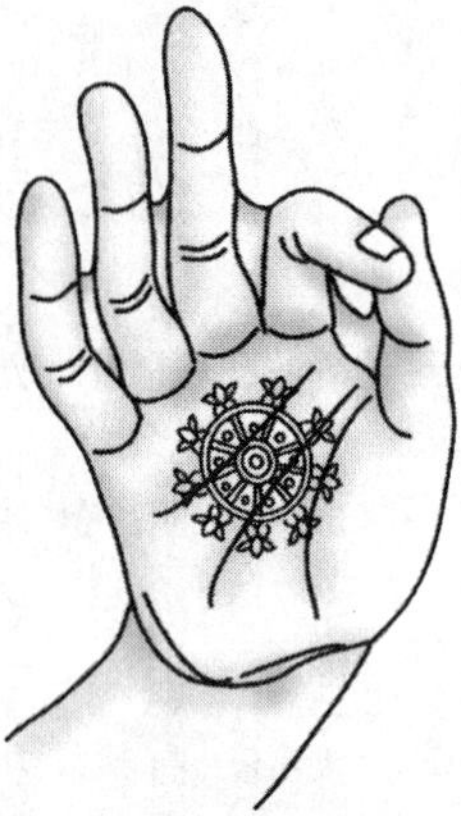

▲如来の手の千輻輪と水掻き

いい、指を広げたときに現われ、閉じると見えないといわれている。薬師寺本尊の薬師如来像や室生寺《むろうじ》（奈良）の釈迦如来像など、この特徴を忠実に表現したものも少なくない。

なぜ水掻きがあるかといえば、如来が衆生《しゅじょう》（すべての人々）を救うときに、救い漏らしがないようにするためだという。万人救済という仏教の理想を具体化したものであり、そこには人々の救済への切なる願いが込められているということができる。

❖仏は手が長い？

仏は身体を曲げなくても、直立したまま手のひらで膝を摩《こす》ることができる。これを「手過《しゅか》膝《しつ》相」（第九相）といい、手が長いということである。この特徴は第十一相の「身広長等《しんこうちょうとう》相（身長と両手を広げた長さが同じであるという相）」と矛盾するが、長い手を伸ばして、人々をよく救済することを表わしたものである。

これは本来、如来の三十二相の一つだが、実際、如来像にはあまりこの特徴は見られず、むしろ観音菩薩によく見られる。とくに十一面観音には手が長いものが多く、法華寺《ほっけじ》（奈良）の十一面観音像（国宝）などは、本当に手が膝まで伸びている。ここまで長い手を持っていると、全体のバランスを欠いて違和感があるはずだが、法華寺の仏像などは見る者にそれを感じさせないから不思議である。

なお、地蔵菩薩や聖観音の中にも手が長い像もあるが、十一面観音ほど長いものはない。また、十一面観音の中にも手がそれほど長くないものもある。

❖仏の首には三本の皺《しわ》がある

仏像の首には三本の皺が刻まれている。これを三道《さんどう》といい、ガンダーラやマトゥラーで造られた初期の仏像にも、この特徴を表わしているものがある。本来は如来の特徴であるが、実は菩薩や明王、さらには天（神々）など、多くの仏像の首には三本の皺が刻まれているのである。

この三道とは、悟りに至る修行の三段階、つまり、見《けん》、修《しゅ》、無学の三つを示したものであるという。「見」とは、物事のありのままの姿を正しく見ること。「修」は、その正しい見方に基づいて修行すること。「無学」は、一般的には学がない者を指すが、仏教では学ぶべきことがなくなった者のことを示す。すべての修行を終えて、もう為すべきことがなくなった者のこと。つまり、悟りを開いた者のことで、三道は如来が三つの段階を経て、悟りに達したことを表わすものである。

ただし、如来像でも法隆寺本尊の釈迦如来像のように、三道を刻まないものも見られる。

❖仏像はなぜ髭《ひげ》を生やしているのか

仏像の中には、鼻の下と顎の上部に髭を生やしているものがある。これは如来の耳朶にピアスの痕を示す穴が開いているのと同じように、釈迦の王子時代の名残だといわれている。現在でも中東などでは一般的だが、インドでも古くから青年男子が髭を蓄える風習があり、釈迦も王子時代にはこの習慣にしたがって、口髭を蓄えていたらしい。そのため、ガンダーラやマトゥラーなどの初期の仏像、つまり釈迦の王子時代をモデルにしたという菩薩像は、すべて口髭を生やしている。

このように古くは菩薩の特徴だったが、後には如来像の中にも髭を生やしたものが多く見られるようになった。そして、一般に如来像の特徴として知られるようになった。ただし、日本の菩薩像の中にも髭を生やしたものは多く、また、法隆寺金堂の釈迦如来像のように、如来像でも髭を生やしていないものもけっこうある。

❖仏はこの上ない美声の持ち主⁉

第二十八相の「梵声相《ぼんじょうそう》」というのは、簡単にいえば、如来は素晴らしい美声の持ち主であるということだ。しかも、この美声はただものではない。仏典には如来は五種類の声を出すと記されている。

まず、第一は「甚深《じんしん》なること雷のごとく」という。つまり、雷のとどろきのように深く響き渡る。第二に「清徹《せいてつ》にして遠く聞こえ、聞く者をして悦楽せしむ」という。きわめて清らかな声で、しかも遠くまで聞こえ、聞いている者をうっとりさせる。第三に「心に入って敬愛さる」。聞く者の心に染みわたり、自ずから敬われる声だということだ。第四に「諦《あきら》かにして解しやすし」。ハッキリとした声で、聞きやすいということである。そして、第五に「聞くもの厭《いと》うことなき」声であるという。つまり、誰が聞いても心地よい声だということだ。

「梵《ぼん》」というのは「優れた」あるいは「神聖な」という意味である。つまり、如来は精神や肉体とともに、あらゆる面において優れており、声についてもその例外ではないということだ。

ちなみに、除夜の鐘などで撞《つ》かれる鐘を「梵鐘」と呼ぶが、この梵も同じ意味で、如来の声のようにきわめて優れた音を放つということである。

第六章

「印《いん》」と「持物《じもつ》」から何が分かるか

❖さまざまな手つき＝印とは何か

仏像を見ると、さまざまな手つきをしていることに気づく。このような仏像の手つきを「印」という。正しくは印契《いんげい》、印相《いんぞう》などといい、略して印と呼ばれるのである。サンスクリット語でムドゥラーといい、「身振り」の意味である。もともと釈迦の身振りから生まれたもので、初期の仏教では釈迦の身振りを自然な形で表わし、そこから釈迦の五印という仏像の基本的な印が生まれた。

七世紀ごろに興った密教《みっきょう》では、印を仏の悟りや誓願《せいがん》（願い）、または功徳《くどく》の意味で捉えるようになった。つまり密教では印は単なる身振りではなく、教理そのものを表わすと考えられるようになったのである。それで密教では印が、より重要な意味を持つことになり、多様な発展を遂げた。

いずれにしても、印は仏像鑑賞のための重要な手がかりで、印を見ただけで仏像の種類や年代が分かる場合もある。

❖最も基本的な釈迦の五印

　釈迦は三五歳のときに菩提樹《ぼだいじゅ》の下で悟りを開き、その悟りの内容を弟子たちに説いて仏教を広めた。もともと印は、悟りを開いてからの釈迦の身振りから生まれたもので、定印《じょういん》、説法印《せっぽういん》、施無畏印《せむいいん》、与願印《よがんいん》、降魔印《ごうまいん》の五種類が基本で、これらを「釈迦の五印」と呼んでいる。

　まず、定印は両手を重ねて臍《へそ》の下に置いた形で、心の安定を助ける姿勢である。これは釈迦が菩提樹の下で悟りを開いたときの姿を捉えたものだ。この定印には座禅のときの禅定《ぜんじょう》印《いん》、弥陀《みだ》の定印、胎蔵界《たいぞうかい》大日如来（第二章六一ページを参照）の法界《ほっかい》定印の三種類がある。

　次に説法印は、釈迦が教えを説いているポーズ。悟りを開いた後の釈迦が最初に説法したとき（初転法輪《しょてんぽうりん》）の姿を捉えたもので、転法輪印《てんぽうりんいん》とも呼ばれている。人はさまざまな身振りを伴って話をする。同じように釈迦も説法のときには、さまざまな身振りを交えた。だから一口に説法印といっても、いろいろな形があり、必ずしも一定ではない。要するに、話をするときのジェスチュアである。

　施無畏印と与願印はセットになっている。このうち施無畏印は説法を聞く人々の緊張を和らげ、安心させる身振りである。「無畏」すなわち畏《おそ》れのないことを施すのである。右手を胸の前に上げたポーズは、聴衆に「まあ、楽にしてお聞きなさい」といったところである。

与願印は人々の願い事を聞き入れ、その望むものを何でも与えることを意味する。手のひらを外側に向けて下に伸ばしたポーズは、仏の深い慈悲を示す。

最後に、降魔印は定印から右手だけを放して、その人差し指を下ろして地面に触れたものである。釈迦が悟りを開いたときに悪魔がやってきて、その邪魔をした。しかし、釈迦が人差し指を地面につけた瞬間、地神《ちじん》（大地の神）が現われて釈迦の悟りを証明し、悪魔は退散

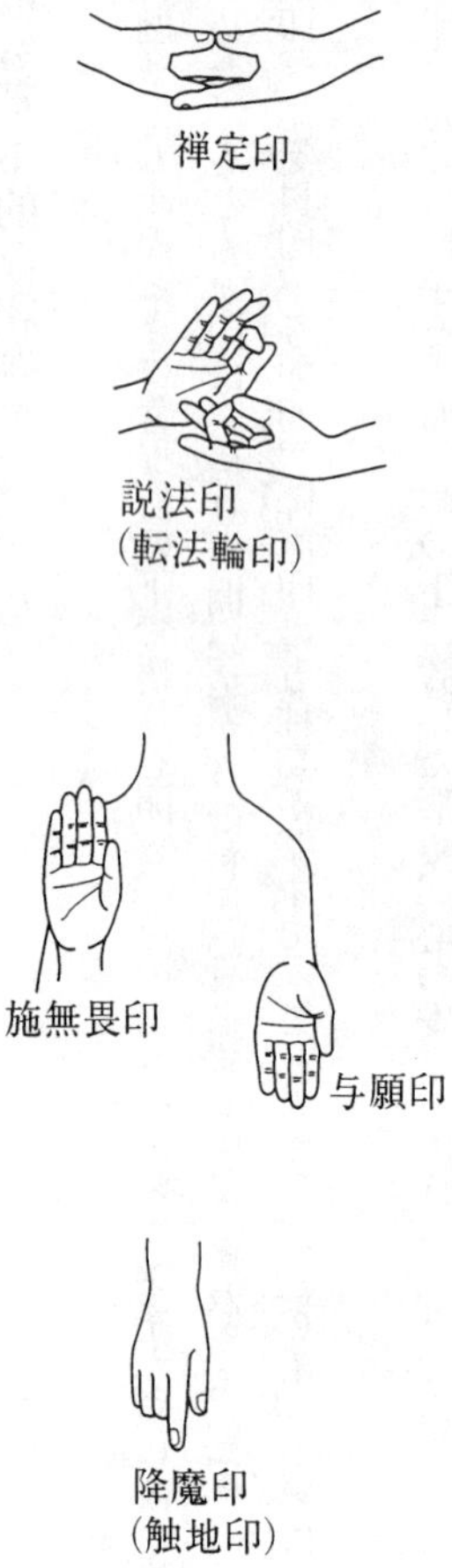

▲釈迦の五印

したという。触地印《そくちいん》とも呼ばれ、釈迦如来以外には阿閦如来《あしゅくにょらい》のみがこの印をとる。降魔印の像はタイやビルマなどの釈迦如来像にはよく見られる。日本で降魔印をとる像は希だが、京都の東寺（教王護国寺《きょうおうごこくじ》）の講堂に安置された阿閦如来像がそれである。

降魔印を除く四印は、釈迦以外の諸仏にも共通して用いられる。とくに施無畏印、与願印をとる像は多い。

❖阿弥陀如来には九つの印がある

阿弥陀如来は、生前からこの如来の救済の力を信じ、その名を呼んだ人、つまり、「南無阿弥陀仏」と称えていた人の臨終に際して、必ず迎えに来て極楽浄土に連れて行ってくれる。そこから、インド以来、阿弥陀如来は盛んに信仰された。この阿弥陀如来が迎えに来る（これを来迎《らいごう》という）ときに九種類の印を表わすといい、これを「九品来迎印《くぼんらいごういん》」と呼んでいる。

仏教では、人間を信仰心の深浅や日ごろの行ないの良し悪しなどによって、九つの段階（九品）に分ける。まず上品《じょうぼん》・中品《ちゅうぼん》・下品《げぼん》の三段階に分け、この三つをそれぞれ上生《じょうしょう》・中生《ちゅうしょう》・下生《げしょう》に分類する。上品《じょうひん》、下品《げひん》という言葉はこの九品に由来する。

ただし、上品、下品というのは、世間一般の概念ではない。いわゆる上流階級の人が上品なのではない。地位も財産もあって申し分のない人でも、心が穢《けが》れていれば下品なのだ。地位も財産もなくても、清い心の持ち主は上品なのである。阿弥陀如来は臨終の床にある人がどの段階にいるかを見極め、その人にふさわしい印を結んで来迎するという。

九品来迎印の基本は、釈迦の五印のうちの定印、説法印、施無畏印、与願印である。定印が上品、説法印が中品、施無畏印、与願印が下品である。そして、親指と人差し指で輪を作るのが上生、親指と中指で輪を作るのが中生、親指と薬指で輪を作るのが下生である。これらを組み合せて九つの印を表わす。上生に結んで定印に組めば、上品上生となる。

ただし、時代が下ると親指と人差し指で輪を作ったものを上品、親指と中指で輪を作ったものを中品、親指と薬指で輪を作ったものを下品とし、定印を上生、説法印を中生、施無畏印、与願印を下生と見るようになる。

つまり、当初は定印や説法印などの大きなジェスチュアを上品、中品、下品の大きな分類にし、指で輪を作る小さなジェスチュアを上生、中生、下生の細かい分類に当てた。こちらの方が自然だが、後者はそれを逆にしたものである。

その結果、たとえば施無畏印、与願印で親指と人差し指で輪を作ったものは、当初の見方では下品上生印だったが、後者の見方では上品下生印になる。

平安時代以前には、釈迦如来などと同じような定印の阿弥陀如来像が多く造られたが、平

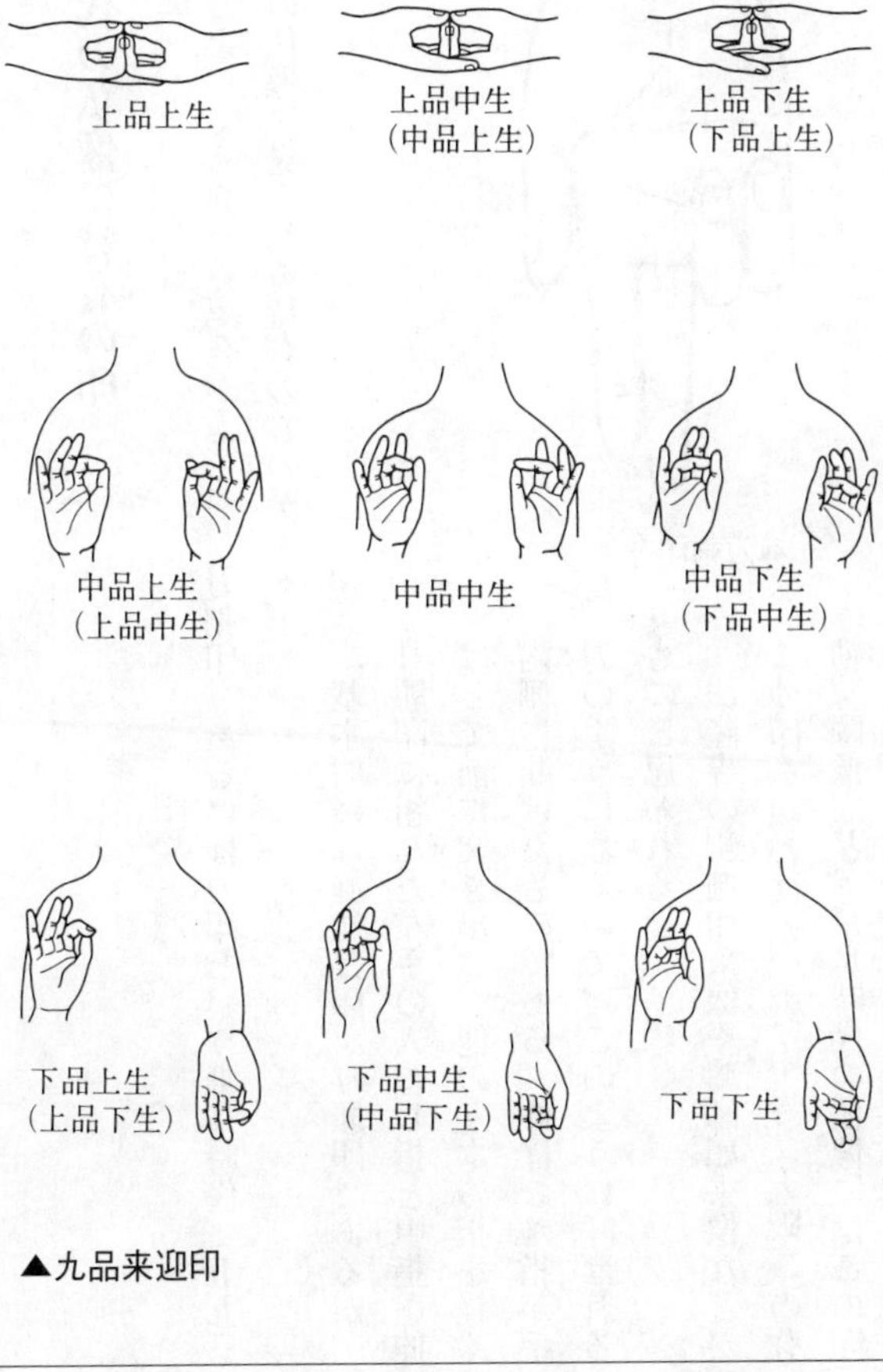
上品上生
上品中生
(中品上生)
上品下生
(下品上生)
中品上生
(上品中生)
中品中生
中品下生
(下品中生)
下品上生
(上品下生)
下品中生
(中品下生)
下品下生

▲九品来迎印

安後期以降、浄土信仰が盛んになると、来迎印のものが多く造られるようになった。

❖飛鳥《あすか》時代の仏像に特有の印

印は時代によっても異なる場合があるが、刀剣印《とうけんいん》、あるいは刀印《とういん》という飛鳥時代（五九三〜七一〇）の仏像に見られる特有のものがある。

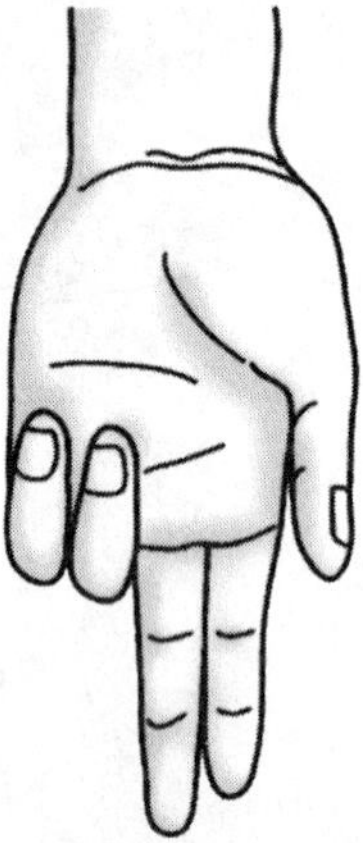

▲刀剣印

基本的には施無畏印、与願印であるが、与願印に組んだ左手の人差し指と中指を伸ばして前に突き出し、他の三本の指を軽く内側に曲げたものである。伸ばした指が手刀のようになるので、このように呼ばれるものと思われる。

法隆寺の釈迦如来像や薬師如来像などがこの印を組むほか、野中寺《やちゅうじ》（大阪）の弥勒菩薩像など、飛鳥時代の仏像にはこの印が見られる。また、鎌倉時代に造られた長野の善光寺《ぜんこうじ》の阿弥陀如来像も古式を踏襲して刀剣印を組む（第九章二二二ページを参照）。

❖大日如来に見られる二つの印

前に述べたように、釈迦の五印などは身振りから発展したものだが、密教では印がまったく違う意味になり、非常に重要なものとなった。密教の印は、いわば野球のサインのようなもので、種類も多く、その形もきわめて複雑なものが多い。そんな密教の印の基本となるのが、大日《だいにち》如来の印である。大日如来には金剛界《こんごうかい》大日如来と胎蔵界《たいぞうかい》大日如来があり、それぞれ異なる印を組む。

まず、金剛界大日如来の印を智拳印《ちけんいん》という。これは両手とも親指を拳の中に握り、左手の人差し指を立てて、その第一関節までを右手の小指で握り、胸の前で右拳を上にして重ねたものだ。ちょうど忍者が術を使うときの手つきに似ている。

これは大日如来の偉大な智慧を表わしたもので、深い思索から行動に移る一瞬を捉えたものといわれている。また、右手は仏を、左手は人間（衆生）を表わし、両手をしっかりと合わせることで、仏と衆生が一体であることを表わしているという。

一方、胎蔵界大日如来は法界定印《ほっかいじょういん》という印を組む。これは釈迦の定印と同じで、瞑想に入っていることを表わす印だ。胎蔵界大日如来はとくに深い瞑想に入っているために、その印を法界定印と呼ぶのである。大日如来は広大無辺の宇宙の果ての果てまでを守備範囲とし、その大日如来が治める世界を法界という。そんな果てしない宇宙の中で、非常に深い瞑想に入った姿が法界定印を組む大日如来だという。

▲金剛界大日如来

▲胎蔵界大日如来

❖独特な形の密教の印

前項で述べたように、密教の印には独特な形のものが多い。ここでは明王《みょうおう》に見られる特殊な印をご紹介しよう。

まず降三世《ごうさんぜ》明王が組むのが降三世明王印だ。胸の前で両手の小指を絡めて、他の指を伸ばしてエックス形に交差させたものだ。

次に、軍荼利《くんだり》明王は跋折羅印《ばさらいん》という印を組む。両手を交差させて肩のあたりに据え、何かを抱くような形である。

また、大威徳《だいいとく》明王は両手の中指から小指までを内側に曲げて交差させ、人差し指の先を合わせている。これを檀荼印《だんだいん》といっている。

最後に、大元帥《だいげんすい》明王は大怒印《だいどいん》という印を組む。これは親指と中指、薬指を曲げて、親指で中指、薬指を押さえ、人差し指と小指を立てたものである。

このような複雑な形の密教の印は、それぞれの仏の衆生救済の強い意思を表わしたものである。

❖合掌《がっしょう》も立派な印の一つ

われわれが神仏を拝むときに手を合わせて合掌する。この合掌も立派な印で、象の上に乗った普賢菩薩《ふげんぼさつ》（第四章一〇八ページを参照）、不動明王の眷属《けんぞく》（従者）である矜羯羅童子《こんがらどうじ》は、この印を組む。さらには千手観音も、数ある手の内の二本は合掌印を組む。

この合掌印にもいくつかの種類があり、ふつうの合掌を金剛《こんごう》合掌といい、両手を合わせて一〇本の指をそれぞれ交差させたものを帰命《きみょう》合掌と呼ぶ。

また、合掌印の一種で、両手の人差し指から小指を第二関節から曲げて交差させ、第一関節から先を隠したものを内縛印《ないばくいん》、両手の一〇本の指を交差させて、しっかりと握り締めたものを外縛印《げばくいん》と呼んでいる。これらの印は高僧像などに見られる。

❖その他の印

ここでは前項までに述べなかった、いくつかの印をご紹介する。

まず、安慰印《あんいいん》というのは、基本的には施無畏印と同じだが、親指と人差し指で輪を作り、他の三本の指を上に向けて立てたものである。阿弥陀来迎印の下品上生印《げぼんじょうしょういん》や薬師如来の三《さん》界印《がいいん》がこれに当たる。このうち、薬師如来の三界印は親指の腹に人差し指の第一関節ぐらいまでを当てたもので、何かを弾くような形になっていることから、とくに弾指《だんし》と呼ばれている。薬師寺の本尊などがその典型である。

また、親指と薬指で輪を作ったものを吉祥印《きっしょういん》といい、経典には釈迦如来の印とされ、古い像では釈迦如来に限らず、この印をとったものが見られる。

❖仏像の持ち物——持物《じもつ》とは？

仏像の持っているさまざまな物を持物と呼んでいる。それぞれ如来や菩薩、明王の特質を表わし、印とともに仏像を見分ける重要なカギになる。たとえば薬師如来は薬壺《やっこ》、不動明王は剣と羂索《けんじゃく》、地蔵菩薩は如意宝珠《にょいほうじゅ》と錫杖《しゃくじょう》というように、それぞれの尊像に特有の持物がある。そのほか代表的な持物としては、蓮華《れんげ》、法輪《ほうりん》、金剛杵《こんごうしょ》、水瓶《すいびょう》（軍持《ぐんじ》）などがある。

▼持物の代表——蓮華《れんげ》

持物の中で最も代表的なものが、蓮華（ハスの花）である。ハスの花は泥の中から生じて

▲仏像の持物

も泥に染まらず、美しい花を咲かせる。このことから、泥を煩悩にたとえ、ハスの花は煩悩に汚されることのない仏の智慧を象徴するものとして尊重される。つぼみのもの、半開のもの、満開のものの三種類があり、菩薩の一般的な持物で、とりわけ観音菩薩には蓮華を持つものが多い。

そのほか、手に持った蓮華の上にそれぞれの菩薩のトレードマークの持物を乗せた像も少なくない。たとえば、文殊菩薩は右手に持った蓮華の上に智慧の象徴である経巻を、薬師如来の脇侍として知られる日光《にっこう》菩薩と月光《がっこう》菩薩は、それぞれ蓮華の上に日輪《にちりん》と月輪《がちりん》を乗せている。

▲如意宝珠

▼如意宝珠《にょいほうじゅ》――願い事を叶えてくれるありがたい珠

次に如意宝珠というのは、地蔵菩薩が左手に持っている桃の実のような形をした珠である。「如意」は文字どおり、意の如く、自由自在にという意味。「宝珠」は宝の珠という意味である。つまり、欲しいものを意の如く出し、人々の苦しみを自在に取り除いてくれる、ありがたい珠なのである。

如意宝珠は地蔵菩薩のほか、吉祥天《きっしょうてん》や如意輪観音《にょいりんかんのん》の持物として知られている。如意輪観音の名は如意宝珠と法輪《ほうりん》を持つことに由来する。

▼錫杖《しゃくじょう》

地蔵菩薩が持っている先に輪のついた杖を錫杖という。先端の大きな輪にいくつかの小さな輪がついていて、歩くと音が出る仕組みになっている。この音をシャクシャク（錫々）という擬音《ぎおん》で表わしたことから、錫杖の名がついた。

もともとインドで修行するときに、修行僧が山野に分け入って修行するときに、これを鳴らして毒虫などを追い払い、また、乞食《こつじき》（食べ物などの布施を受けること）に来たことを知らせたものである。錫杖は菩薩が衆生救済のために、諸方を巡歴していることを表わしている。

▲錫杖

▼釈迦の説法を象徴する法輪《ほうりん》

法輪は釈迦の教えの象徴である。前にも述べたが、もともとインドでは古くから、転輪《てんりん》聖王《じょうおう》という理想的な王の出現が待望されていた。その転輪聖王が駆使する無敵の戦車の完璧な車輪を、すべての人を教え諭す釈迦の完璧な教えにたとえたものである。戦場で戦車が敵を完全に駆逐するように、釈迦の教えが世の中の悪を駆逐して、回転しながら他に伝わっていくことを表わしている。

法輪は、如意輪観音のトレードマークとして知られるほか、菩薩、明王、天など、法輪を持つ像は少なくない。また、この法輪は卍とともに寺院のシンボルにもなっており、建物の各所に見られる。

▼観音菩薩のトレードマーク、水瓶《すいびょう》

水瓶は水を入れる容器で、もともとインドでは、僧侶がつねに携行する水筒のようなものだった。持物としての水瓶には、人々の願いを叶えてくれる功徳水《くどくすい》という水が蓄えられているという。観音菩薩の持物としてよく知られており、中には水瓶に蓮華を挿したものを持っている像もある。

ところで、たとえば法隆寺の「夢違《ゆめたがい》観音」などは、非常に小さな水瓶を手にしている。

これでは折角の功徳水もすぐになくなってしまいそうだ。しかし、心配はご無用。水瓶の中の功徳水はいくら使ってもなくならない、まさに魔法の水瓶なのである。

▼薬師如来のトレードマーク、薬壺《やっこ》

薬師如来の持物として知られているのが薬壺である。これは文字どおり万病を治す薬の入った壺である。この薬も水瓶の中の功徳水と同じく、いくら使ってもなくならないといわれている。

なお、薬壺は薬師如来のシンボルだが、たとえば薬師寺の本尊のように、奈良時代以前の

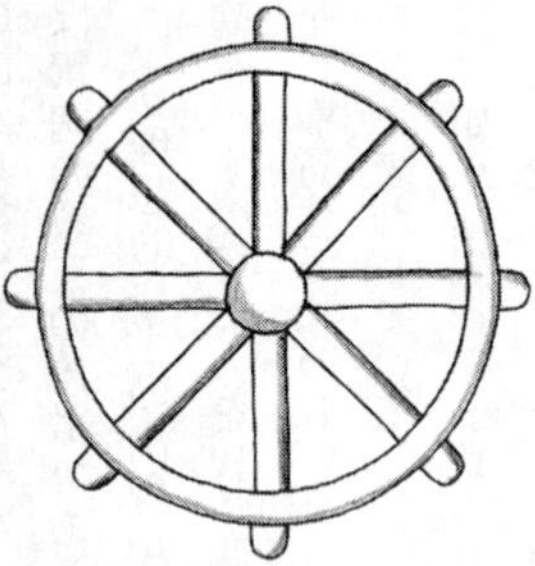

▲法輪

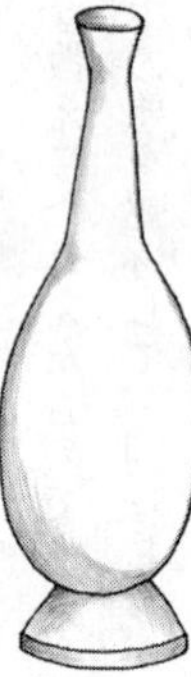

▲水瓶

古い像では薬壺を持っていない。薬師如来が薬壺を持つようになったのは、平安時代以降のことである（第四章一〇〇ページを参照）。

▼数珠《じゅず》などの仏具

諸菩薩などが共通して持つのが数珠である。数珠の珠の数は一〇八で、百八の煩悩を退散、消滅させるといわれている。如意輪観音や千手観音が持つほか、高僧像などは数珠を持つものが多い。

数珠と同じように、現在でも僧侶が使っている仏具で持物となっているものには、払子《ほっす》、如意《にょい》、柄香炉《えごうろ》（柄のついた携帯用の香炉）などがある。

払子は特大の筆のようなもので、白い筆毛が長く垂れているのが特徴。如意は孫の手のような形をしており、金属製のものと木製のものがある。長さは四、五〇センチで、金属製のものは頭部に装飾を施し、木製のものは先の曲がった自然木を用いたものが多い。

払子と如意は、どちらも僧侶が法要のときなどに威儀を正すのに用いる。とくに禅宗の高僧像（これを頂相《ちんそう》という）が持つ。

▼宝塔《ほうとう》

宝塔はもともと仏舎利《ぶっしゃり》（釈迦の遺骨）を納めた仏塔《ぶっとう》をかたどったもので、仏の教えを象徴している。多聞天《たもんてん》（毘沙門天《びしゃもんてん》）像は右手に三叉戟《さんさげき》（先が三叉になったヤリ）、左手に宝塔を持つものが多く見られる。また、弥勒菩薩像の中にはシンボルとして塔を定印《じょういん》（本章一四一ページを参照）に組んだ掌に載せているものがある。

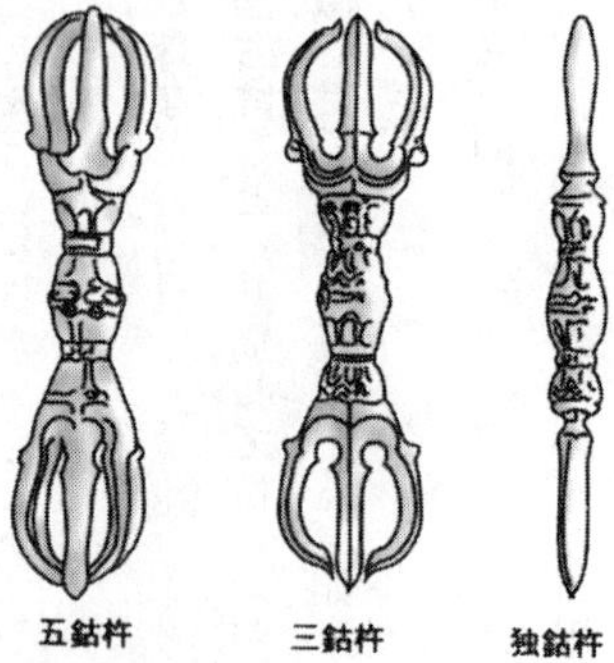

▲金剛杵

▼最強の武器——金剛杵《こんごうしょ》

密教で最も重要な持物に金剛杵がある。もともと古代インドの武器をかたどったもので、金剛石（ダイヤモンド）のように硬くて、どんなものでも打ち砕くといわれている。すなわち、どんなに強い煩悩も滅することができるものの象徴である。両端がヤリのようになった独鈷杵《どっこしょ》、両端が三本の爪に分かれた三鈷杵《さんこしょ》、五つに分かれた五鈷杵《ごこしょ》がある。さらには三鈷杵を十字に組んだ羯磨《かつま》金剛（または十字金剛）というものもある。

金剛杵は明王をはじめとする密教像によく見られるほか、執金剛神像《しゅこんごうしん》や弘法大師像などが持つ。執金剛神は文字どおり「金剛杵を持つもの」という意味である。また、弘法大師像は右手に五鈷杵、左手に数珠を持った姿に造られる。

山伏やお遍路《へんろ》さんが持つ金剛杖《こんごうづえ》と呼ばれる白木の杖も金剛杵に由来する。

▼修行心を鼓舞する鈴

金剛杵に由来する密教法具に、金剛鈴《こんごうれい》というものがある。これは密教の修法《しゅほう》（加持祈禱《かじきとう》などの儀式）の折に鳴らす鈴で、仏・菩薩の注意を喚起し、衆生に精進を促すためのものといわれている。降三世《ごうさんぜ》明王《みょうおう》や愛染《あいぜん》明王が持物として持つ。鈴の柄には金剛杵をつけることもある。独鈷杵をつけた独鈷鈴《どっこれい》、三鈷杵をつけた三鈷鈴《さんこれい》、五鈷杵をつけた五鈷鈴《ごこれい》などがある。

▼羂索《けんじゃく》――衆生を救う縄

羂索は戦いや狩りに使う捕縛用の縄のことで、仏教では煩悩を縛る縄の意味がある。不空《ふくう》羂索観音《けんじゃくかんのん》や不動明王の持物として知られている。

不動明王は右手に持った羂索で煩悩を縛り上げ、人々を救うという。また、不空羂索観音は不空の（百発百中の、取り逃がしがない）羂索で必ず人を救うといわれている。

▼宝剣《ほうけん》などの武器

持物には武器が多く見られる。とりわけ、明王や天はさまざまな武器を手にしている。武器の中でも、とくに重要なのが宝剣である。これは柄の短い両刃の剣で、煩悩を断ち切る意味があり、現在でも山伏の修法などに使われる。

文殊菩薩像は右手に宝剣、左手に経巻を持ち、不動明王は右手に宝剣、左手に羂索を持つ。愛染明王など明王像に宝剣を持つものが多い。また、宝棒というものがある。これはいわゆる棍棒《こんぼう》で、仏教を害する敵を駆逐する。

▲金剛鈴

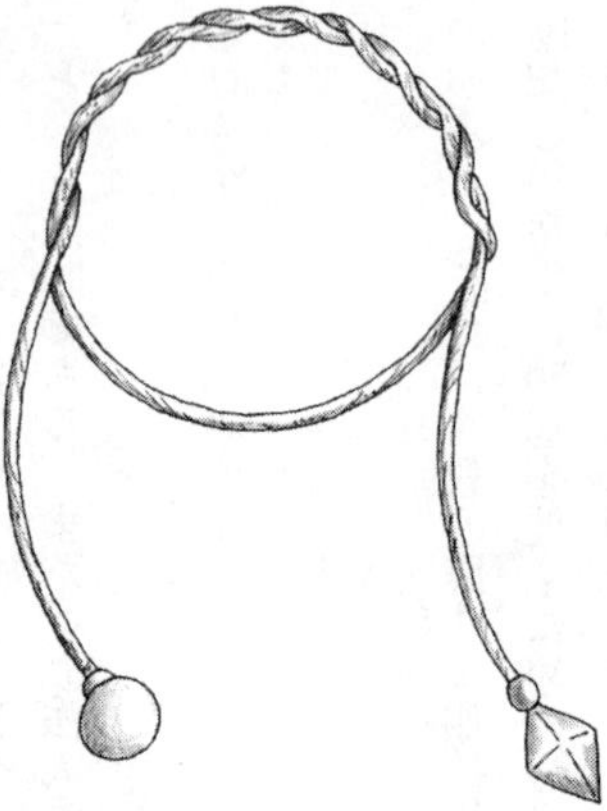

▲羂索

さらに三叉戟《さんさげき》というものがある。これは先端の爪が三本に分かれた柄の長いヤリで、不動明王以外の明王（降三世明王など）や毘沙門天、不動明王の眷属の童子などが持物として持つ。このほか、愛染明王などのように弓矢を持つもの、鉞斧《えっぷ》という斧を持つものなどがある。

これらの武器は、仏の教え（仏教）と、それを信仰する者を外敵から守るためのものである。

▼仏の智慧を表わす経巻《きょうかん》

文殊菩薩は左手に経巻を持つ。これは梵篋《ぼんきょう》ともいわれ、貝葉《ばいよう》といわれる樹木の葉に書かれた写経で、仏の教えと智慧の象徴である。また、四天王のうち広目天《こうもくてん》は右手に筆、左手に巻物を持つが、この巻物は経巻ではなく筆録用のものである。

▼石榴《ざくろ》など

鬼子母神《きしもじん》が、多産のシンボルである石榴を持つことはよく知られている。鬼子母神は前生で立てた悪い誓いのために、他人の子供を食べつづけるという凶行を繰り返していた。だが、釈迦に諭されて、子供を食べるのを止めた。釈迦は鬼子母神が改心して子供を食べるのをやめると誓ったときに、一つの石榴を手渡したという。石榴は人間の肉に味が似ているから、代わりにこれを食べるようにということだった。また、石榴は一つの実からたくさんの種が採れるので、豊穣のシンボルでもある。

そのことから鬼子母神は、子宝を授け、子供を護る神へと発展していった。さらに石榴には魔除けの力があるともいわれ、魔を除いて幸運をもたらすことから、「吉祥果《きっしょうか》」と呼ばれる。

このほかにも、持物として果実などを持つものが少なからずある。孔雀明王《くじゃくみょうおう》は一手に瓜に似た倶縁果《ぐえんか》を持ち、一手に桃の実に似た吉祥果を持つ。さらに変わったところでは、聖《しょう》天《てん》（歓喜天《かんぎてん》）の単身像では大根を持つものもある。また、楊柳《ようりゅう》観音はシンボルとして柳の枝を持つ。

▼あらゆる持物を持つ千手観音

千手観音はありとあらゆる持物を手にしている。それらはみな衆生を救うために用いるものであり、また衆生が欲するものなのである。ここですべてをご紹介することはできないが、その一部を挙げておこう。

まず、定印に組んだ手の上に鉢を載せている。これは宝鉢《ほうはつ》と呼ばれ、お布施を受けるための重要な持物だ。また、楊枝《ようじ》という柳の枝を持っている。これは病気を治すためのもの。化《け》仏《ぶつ》というのも重要な持仏で、阿弥陀如来の分身である。清水寺《きよみずでら》の千手観音は、両手を組んだ細い腕を頭上に伸ばし、その上に化仏を載せる独特の姿で知られている。

また、日精摩尼《にっせいまに》、月精摩尼《げっせい》というものがある。日精摩尼は太陽を表わし、その中に熊野権現のお札《ふだ》で知られる三本足の烏が描かれる。月精摩尼は月を表わし、中に兎が餅つきをしている姿が描かれている。

このほか、数珠や払子などの仏具、金剛杵やヤリ、弓矢、羂索などの武器、錫杖や法輪、経巻、蓮華などの持物を持つ。

❖仏像と衣

仏教の衣は三衣《さんね》と呼ばれる大小三枚の布が基本になる。これは釈迦在世当時の修行僧が着ていたものと考えられている。

まず、下半身を覆う小さな布は安陀衣《あんだえ》といい、労働や巡礼、就寝のときに身に着ける。次に胸までを覆う中くらいの布を鬱多羅僧衣《うったらそうえ》といい、大勢の僧侶とともに仏を礼拝したり、座禅、聴講のときに着用するもので、僧侶の常服である。最後に肩からかぶる大きな布は僧伽《そうぎゃ》梨衣《りえ》といい、王宮や町に入るときに着用するものである。これら三枚が一組になっている。

現在でも、タイやスリランカの僧侶は三衣を着ている。仏像の衣についても三衣が基本であるが、経典には次のような規定がある。

まず下半身を覆う布としては安陀衣を身に着ける。これは裙衣《くんえ》とも呼ばれるもので、内衣(一種の下着)である。次に僧祇支《そうぎし》と呼ばれる布で胸までを覆う。これは右脇までを覆い、片方は左肩の上にまとう形にする。

最後に僧伽梨衣(大衣《だいえ》)を着るが、この着方に二種類ある。両肩を覆ったものを通肩《つうけん》といい、左肩だけを覆って右肩を肌脱ぎにしたものを偏袒右肩《へんたんうけん》という。偏袒右肩は仏や師、あるいは目上の人に対するときの着用法である。したがって、最高位にある釈迦如来像は通肩に造るのが原則で、ガンダーラなどの初期の仏像はほとんどが通肩に造られている。しかし、後世になると偏袒右肩の如来像も多く造られる。

また、中国ではインド風の通肩とは異なるものが造られた。これは北魏《ほくぎ》の孝文帝《こうぶんてい》(四六七〜四九九)が胡服《こふく》(北方の異民族の服装)を廃して、純中国風の服装を帝王の服制として採用し、帝王の姿の仏像を造らせたことから流行したものである。

この像は衣に両襟をつけたもので、大衣の胸元を開き、下に着た僧祇支の端が左肩から右腋の下にかけて現われている。この中国風の像が飛鳥時代に日本にも伝わり、作例が残されている。

次に菩薩像は、下半身を覆う布と天衣《てんね》と呼ばれる長い布をまとっている。広隆寺の弥勒菩薩像のように下半身だけを覆って、上半身は裸のものもあるが、たいていは観音菩薩のように天衣を優雅にまとっている。また、菩薩の中でも地蔵菩薩だけは、日本の僧侶が着るような衣を着ている。

このほか、梵天や帝釈天、吉祥天や弁才天など、天部の像はゆったりした豪華な衣服を身に着けている。これらは中国の唐代（七世紀ごろ）の王侯貴族の風俗をモデルにしたものだ。

❖装身具——仏像のアクセサリー

釈迦は地位や財宝、係累など一切を捨てて、一枚の衣だけをまとって出家した。如来像は、この出家した後の釈迦をモデルにしているため、一切の装身具を身に着けていない。これに対して、菩薩像は出家前の釈迦、つまり王子時代の釈迦をモデルにしている。したがって菩薩像は在家の貴人の姿をもとにしており、宝冠《ほうかん》をかぶって、さまざまな装身具を身に着けているのである。

ただし前述したように、大日如来だけはとりわけきらびやかな装身具を身に着けている。大日如来はすべての仏・菩薩を包含すると考えられたため、他の如来とは異なる姿が求められたのである。

また、宝冠釈迦如来と称する如来像がある。これは宝冠をかぶり、若干の装身具を身に着けたもので、インドに起源を持ち、日本にも少なからず作例がある。とくに禅宗寺院にまつられることが多い。

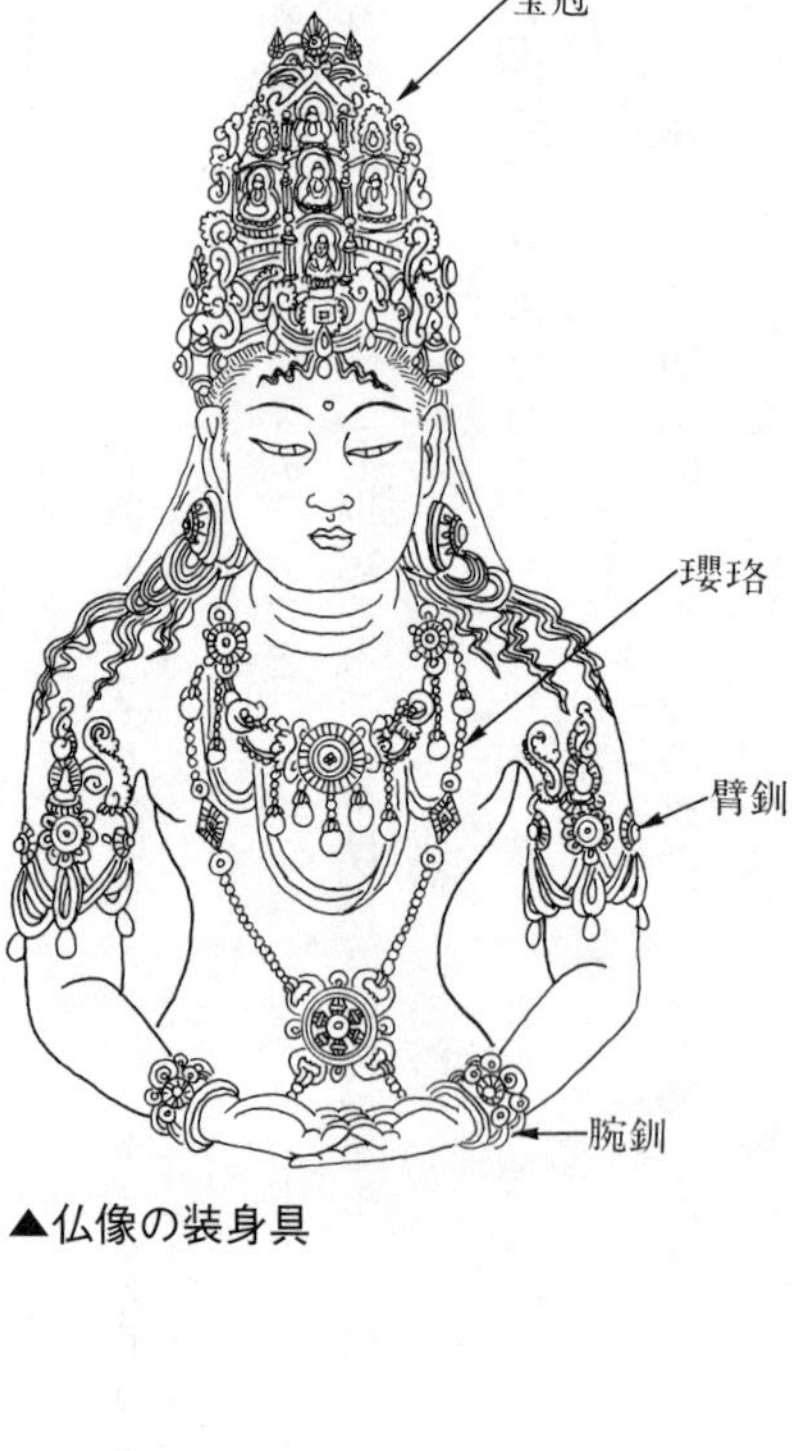

▲仏像の装身具

宝冠は宝玉《ほうぎょく》（宝石）で飾った冠の意味で、これには大日如来の五智《ごち》宝冠や文殊菩薩の宝冠などのように頭髪全体を覆うものと、法隆寺の夢違観音の三面宝冠などのように、頭髪の一部を覆うものとがある。

また、五知如来の五仏冠《ごぶつかん》には五体の化仏《けぶつ》があり、観音菩薩の一仏冠には観音の標識である阿弥陀如来の化仏が正面に一体、取り付けられている。

このほか、愛染明王がかぶる獅子頭を載せた獅子冠、髑髏《どくろ》を戴いた髑髏冠、華を飾った華冠などがある。

次に装身具には瓔珞《ようらく》、臂釧《ひせん》、腕釧《わんせん》などがある。瓔珞は首から掛けるネックレスで、色とりどりの宝石をちりばめ、法輪などをあしらったものがある。東大寺法華堂の不空羂索観音のように、瓔珞の先が立像の足元まで垂れているものもある。また、臂釧は上腕にはめる腕輪、腕釧は手首にはめるブレスレットである。このほか、白衣《びゃくえ》観音のようにイヤリングを着けている場合もある。

宝冠や瓔珞などは仏像本体に彫り込んだものもあるが、金属で別に作ったものを本体に掛けてあることも多い。

さらに軍荼利明王のように、首や手足に蛇を巻きつけているものもあり、また烏枢沙摩明王のように髑髏を連ねて瓔珞としているものもある。

第七章

光背と台座、座法と姿勢

❖光背とは何か

仏典には、仏の四方には一丈の光があり、その中に仏がいると説かれている。そして、その光はあらゆるところにまで届き、一切衆生（あらゆる生きもの）を救うと考えられている。この光は如来の三十二相《さんじゅうにそう》（三二の偉大な特徴。第五章一二二ページを参照）の一つで、「丈光相《じょうこうそう》」ともいわれている。一般的には「後光が差す」などと表現されるように、尊像の背後にある光のことである。

この光を造形的に表わしたものが光背である。前述したように、如来の三十二相の一つではあるが、菩薩、明王《みょうおう》、天《てん》などのあらゆる尊像には光背がある。基本的には台座（本章一七八ページを参照）と同じように、光背のない仏像は存在しないといってもよい。

ガンダーラなどで初期に造られた仏像では、頭の背後に天使の輪のような円形のものを置いただけで、光を象徴的に表現していた。

しかし、光背は時代とともに著《いちじる》しく発展して大型化し、さまざまなデザインのものが造られるようになった。

❖最初の光背は天使の輪？

前項でも触れたように、ガンダーラなどで造られた初期の仏像の光背は、頭の部分だけに円形の板、あるいは輪を据えたシンプルなものだった。

このような光背は円光と呼ばれるもので（本章一七四ページを参照）、もともとキューピットなど西洋の天使の頭上に見られる輪をモデルにしたものとも考えられている。

最初の仏像は、ガンダーラ地方に住んでいたギリシャ人の手で造られた。そのため、仏像にはギリシャの神像彫刻の影響が少なからず見られる。そして、仏像の重要な要素の一つである光背にも、その影響が見られるのである。

❖光背の基本的な構造

光背は頭の部分の光を表わす頭光《ずこう》と、身体から放たれる光を表わす身光《しんこう》とに分けられる。そして、一般的には頭光と身光を組み合わせ、全身から放たれる光を表わした挙身光《きょしんこう》が多く見られる。また、挙身光には頭光と身光を重ねた二重光背と呼ばれるものと、とくに頭光と身光を区別することなく、全身を覆《おお》った蓮弁（ハスの花びら）型のものとがある。

以上のように、光背は頭光と身光を合わせた挙身光が基本的な構造になっている。そして、時代が下ると、挙身光にさまざまなデザインや装飾を施し、きわめてヴァリエーションに富んだ光背が現われてくるのである。

❖光背の種類

前項で述べたように、光背には実にさまざまな形のものがある。中でも最もよく見られるのが、蓮弁型挙身光《れんべんがたきょしんこう》というものである。蓮弁光《れんべんこう》ともいわれ、文字どおりハスの花弁の形をしていることから、このように呼ばれる。立像、座像を区別しないで用いられるが、立像は縦長に、座像は蓮弁が横に広がった形に造られる。

この蓮弁型光背は舟を立てかけたような形をしていることから、舟形光背、舟御光《ふなごこう》などとも呼ばれる。

また、挙身光にはさまざまなデザインのものがある。周囲や表面に飛び交う天女を刻んだ飛天光《ひてんこう》、薬師如来の光背のように七体の化仏《けぶつ》をつけたもの。あるいは唐招提寺《とうしょうだいじ》の毘盧舎那《びるしゃな》如来像に見られる、全面に小さな釈迦仏を取り付けた千仏光《せんぶつこう》などがある。

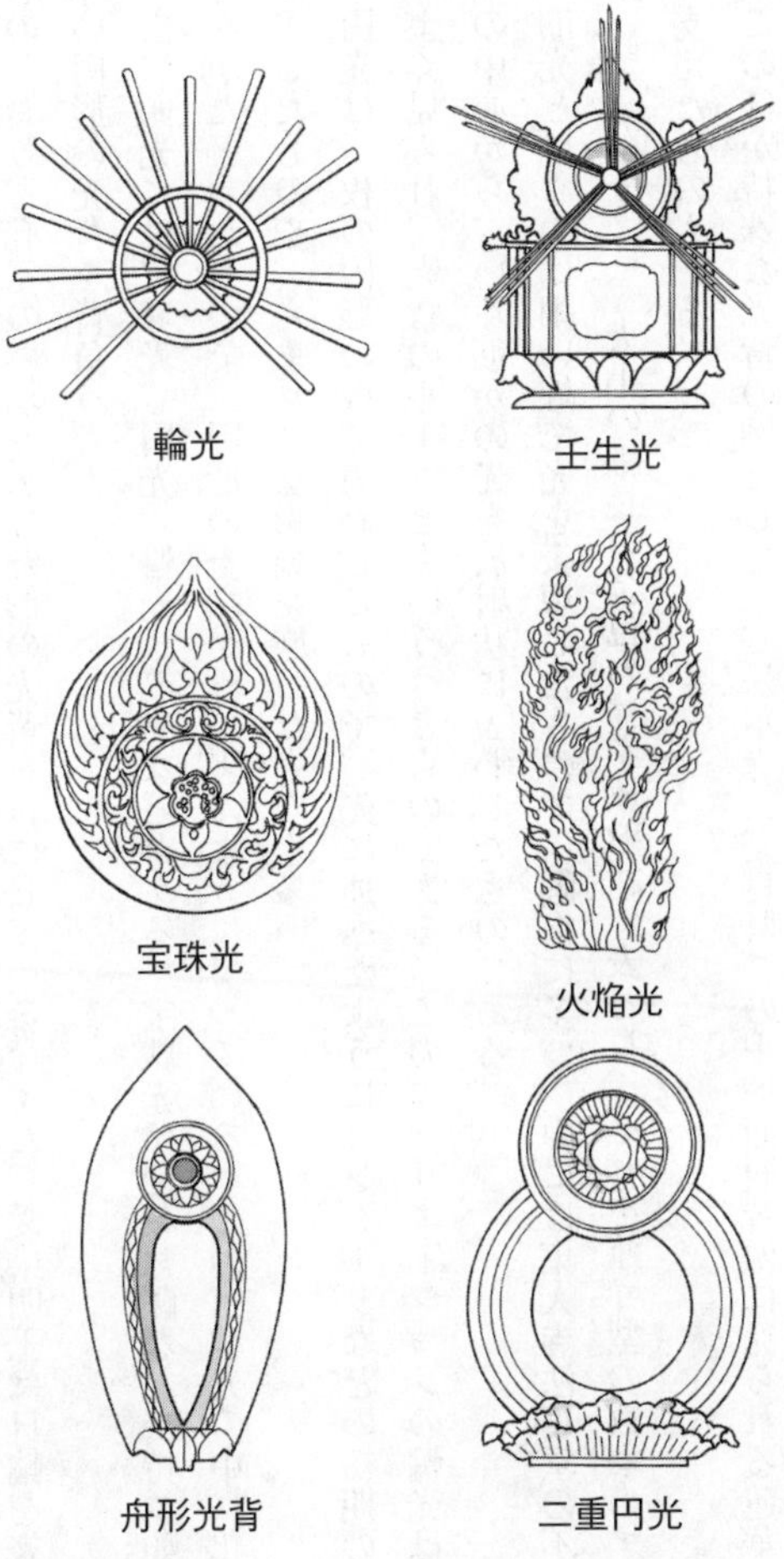

▲光背のいろいろ

さらに不動明王をはじめとする明王は、燃え盛る火焔を光背にしている。これを火焔光《かえんこう》といい、明王以外にも天部の像などに見られる。ただし、明王の中でも孔雀明王だけは、その名のとおり、孔雀の尾羽を広げた形の光背を背にしている。また、愛染《あいぜん》明王は日輪を表わす赤い円形の光背を背負う。

次に頭光には宝珠光《ほうじゅこう》、円光《えんこう》、輪光《りんこう》、筋光《すじこう》などがある。宝珠光は地蔵菩薩などが持つ如意宝珠《にょいほうじゅ》をかたどったもので、円形の上端が桃の実のように尖《とが》っている。この宝珠光の中に化仏を安置したものや、さまざまな彫刻を施したものも多い。

円光は一枚の円形の板で表わしたもので、先に述べたようにガンダーラなどの初期の仏像によく見られ、光背のルーツともいうべきものである。このヴァリエーションの輪光は細い輪の中心から、いく筋かの光を放射状に表わしたものである。

筋光というのは細い線で光を表現したもので、画像に多い。中には東大寺法華堂《ほっけどう》の不空羂索観音《ふくうけんじゃくかんのん》のように、大小の細長い金色の棒を放射状に表わし、それを蓮弁型の数本のアーチで支えたものもある。

このほか特殊な光背の例としては、法華寺《ほっけじ》(奈良県)の十一面観音像に見られる蓮華光《れんげこう》や壬生寺《みぶでら》(京都)の地蔵菩薩が背負う通称、壬生光《みぶこう》などがある。

法華寺の蓮華光は、長い茎のついた蓮華のつぼみ(未開敷《みかいふ》蓮華)とハスの葉を菩薩像の背後に放射状に並べたものである。壬生光は身光の部分を椅子の背もたれのような形にし、その上に二重の円光を取り付けて、中心から五方に三筋ずつの筋光を表わしている。

❖飛鳥時代の光背

立像の蓮弁光は縦に長く、座像のそれは横幅が広いということはすでに述べた。そして、飛鳥時代の蓮弁光の中には、横幅が非常に広く、脇侍《わきじ》の菩薩をも覆うものがある。このような光背をとくに「古舟形光背《こふながた》」と呼んでいる（次ページの図を参照）。法隆寺の本尊の釈迦三尊像の光背がその代表で、中尊の釈迦如来と脇侍の薬王《やくおう》菩薩と薬上《やくじょう》菩薩をすっぽりと包み込んでいる。

また、七年に一度、御開帳される善光寺《ぜんこうじ》（長野）の阿弥陀如来の光背も古舟形光背で、一つの光背の中に中尊と脇侍が収まることから「一光三尊阿弥陀如来《いっこうさんぞん》」として知られている。

ちなみに、善光寺で御開帳されるのは前立ち本尊（秘仏の本尊の代わりの仏像）で、鎌倉時代に造られたものである。しかし、善光寺に残された伝説では、この仏像が飛鳥時代に伝えられたということから、古い時代の光背を踏襲しているのである（第九章二二一ページを参照）。

▲古舟形光背

❖薬師如来の光背

薬師如来の光背には、六体ないし七体の小さな仏がついている。これを「七仏薬師《しちぶつやくし》」といい、『薬師瑠璃光本願功徳経《るりこうほんがんくどくきょう》』には、薬師如来のほかに善名称吉祥《ぜんみょうしょうきっしょう》如来など六仏の名を挙げて、その功徳が説かれている。

この経典に基づく七仏薬師の信仰が、わが国でも奈良時代から盛んになった。平安時代には比叡山《ひえいざん》で、七仏薬師を本尊として息災と安産を祈る七仏薬師法という祈禱が行なわれ、天台宗の重要な法会の一つにもなっている。

ふつうは光背に薬師如来の化仏をはじめとする七体の小仏を表わすが、光背に薬師以外の六体のみを表わして、中尊の薬師如来と合わせて七仏にしたものもある。薬師寺の像は前者の例、新薬師寺や醍醐《だいご》寺（京都）は後者の例である。

▲薬師如来の光背

また、病気平癒を祈願して薬師如来が曼荼羅に描かれることがある。この場合は侍者として、文殊・観音・勢至《せいし》・弥勒《みろく》・宝檀華《ほうだんか》・無尽意《むじんい》・薬《やく》王《おう》・薬上《やくじょう》の八体の菩薩を従える。これらの菩薩を薬師八大菩薩と呼んでいる。

❖台座とは何か

仏像が載っている台を台座といっているが、元来これは釈迦の居場所を表わすものだった。六年間つづけた苦行を止めて、菩提樹の下に赴いた釈迦は、近くの草を敷いて座った。そして、瞑想に入り、ついに悟りを開いたのである。その釈迦が悟りを開いた草の座が、台座の起源である。

初期の仏教では、釈迦の姿を表わすことが禁じられていたため（第一章二九ページを参照）、釈迦の伝記をレリーフにした仏伝図《ぶつでんず》などでは、釈迦が座っている方座《ほうざ》（四角い台座）によって、その存在を暗示していた。

時代が下って、仏像が造られるようになると、台座は仏像に威厳と安定感を与える重要な役割を果たすようになったのである。そして、立像、座像を問わず、あらゆる仏像には必ず台座がしつらえられ、時代とともに実にさまざまな種類のものが造られるようになった。

❖金剛座《こんごうざ》と獅子座《ししざ》

釈迦が悟りを開いたインドのブッダガヤには、今も菩提樹の大木の下に釈迦が座ったあとを示す方座がある。これは釈迦の悟りの場所を表わす神聖なもので、現在でも多くの仏教徒がここを訪れ、礼拝の対象となっている。この方座は金剛座、あるいは金剛宝座と呼ばれている。釈迦が成道に際して座った座は、何ものにも冒されない絶対不可侵の座である。それを絶対不壊《ふえ》の金剛石（ダイヤモンド）にたとえたのである。

また釈迦は最も偉大なものという意味で、百獣の王、獅子（ライオン）にたとえられる。このことから、釈迦の座った場所を獅子座ともいう。

これら金剛座や獅子座は、釈迦の座った場所を意味するもので、今日、見られる台座のように具体的な形を表わしたものではない。初期の仏伝図の中に空白で表わしたり、あるいは上に傘蓋《さんがい》（高貴な人に差しかける日傘）を差しかけたりした方座を金剛座、獅子座などと呼んだ。しかし、時代が下ると、台座の前面に獅子の姿や顔を彫ったものが多く造られるようになった。これは獅子の像をつけた王の座の影響を受けたものと考えられている。

今日でも最も単純な台座を方座というが、初期の仏像の台座はおおむね一枚の方形の板、あるいは円形の板で造った円座といわれるものだった。これにしだいに彫刻が施されるようになり、さまざまな形に発展していったのである。

❖台座の種類

仏像の台座の基本形で、最もよく見られるものが、ハスの花をかたどった蓮華座《れんげざ》である。立像、座像を問わず如来像や菩薩像のほとんどは、この蓮華座に乗る。花弁が一重のものが基本だが、二重、五重、七重などのものも少なくない。また、片足ずつ別の小振りの蓮華座を踏む「踏割《ふみわり》蓮華座」と呼ばれるものや、ハスの葉（荷葉《かよう》）を伏せた形の「荷葉座《かようざ》」というものもある。

また、不動明王などが乗っている、岩をかたどった台座に「岩座《いわざ》」というのがある。この岩座を形式化して、角材を組み合わせたものを瑟瑟座《しつしつざ》といい、不動明王専用の台座である。さらに不動明王の眷属《けんぞく》の制吒迦童子《せいたかどうじ》や矜羯羅童子《こんがらどうじ》などが乗る、磯辺の小岩のようなものを洲浜座《すはまざ》と呼んでいる。

さらに、たなびく雲の上に蓮華を載せた雲座《うんざ》というものがある。これは来迎《らいごう》の阿弥陀像などに見られるものである。

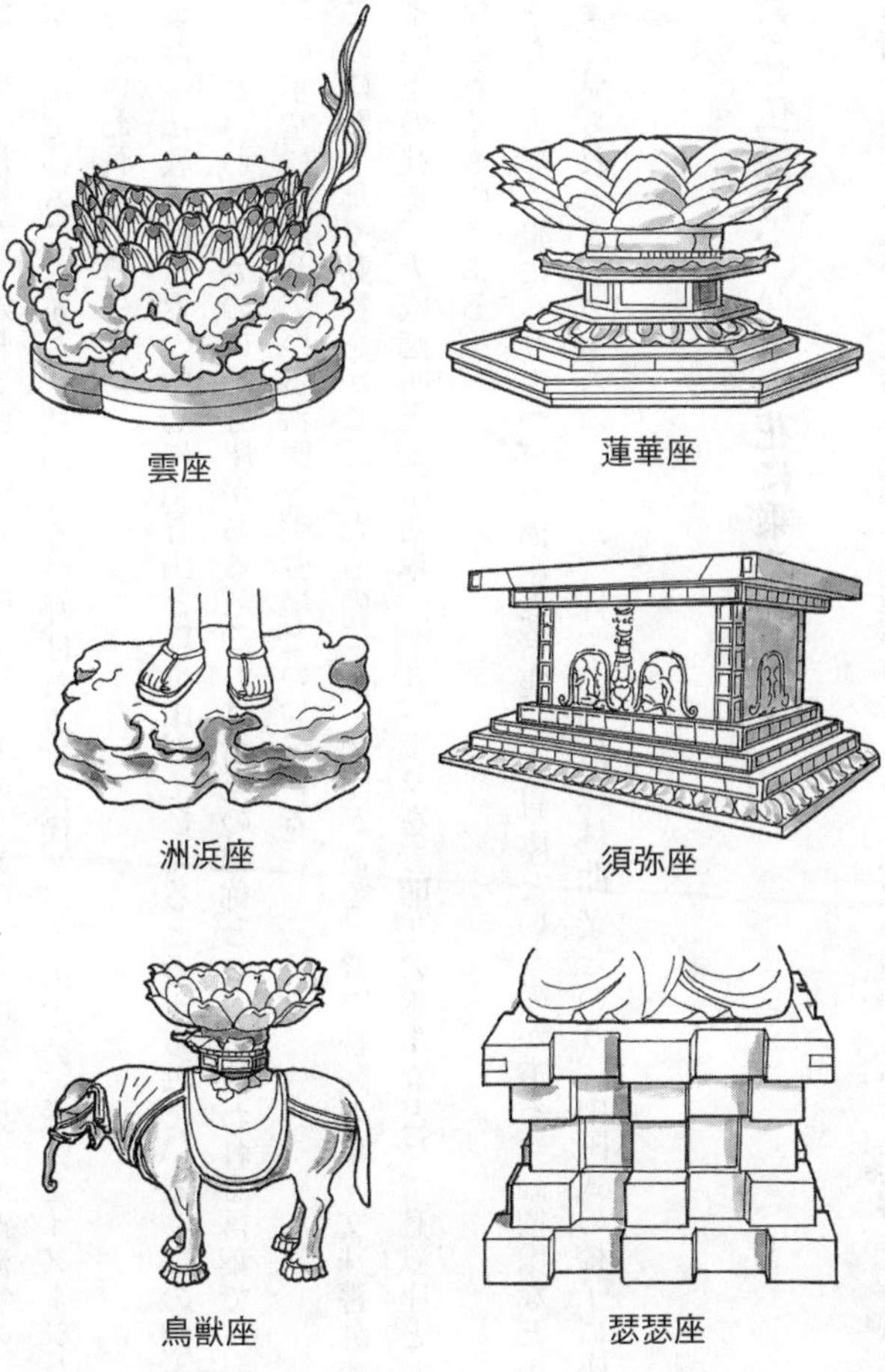

▲台座のいろいろ

次に鬼子母神《きしもじん》などが載る台座に宣字座《せんじざ》というものがある。正面から見た形が漢字の「宣」の字に似ていることから、そのように呼ばれる。古代インドの王の玉座《ぎょくざ》をイメージしたものだといわれている。

また、仏教では世界の中心に須弥山《しゅみせん》という山がそびえると考えられている。この山をかたどったといわれるものに須弥座がある。これは台座の総称としても使われる言葉で、一般に寺院の本堂に置かれている台座を須弥壇《しゅみだん》といっている。

このほか、鳥や動物をかたどったものに鳥獣座《ちょうじゅうざ》がある。普賢菩薩の象、文殊菩薩の獅子、孔雀明王の孔雀、大威徳《だいいとく》明王（第四章一一九ページを参照）の水牛などは、鳥獣座としてよく見られるものである。

また、方形の畳にヘリをつけた簡素な台座に上畳座《あげだたみざ》というのがある。高僧像などの台座によく見られるものである。さらに、禅宗の高僧像は曲彔《きょくろく》という、中国式の椅子に座っている。

❖なぜ仏像は、ハスの花に乗るのか

前項で述べたように、台座の基本は蓮華座である。仏像が蓮華《れんげ》（ハスの花）に乗るのは、次のような理由によるのである。

ハスは泥の中から生え出て、泥に染まることなく美しい花を咲かせる。このようなハスの花は、古くからインドで神聖視されてきた。そして、仏教では泥を煩悩にたとえ、ハスの花を悟りの境地にたとえた。つまり、仏はすべての煩悩を弾き飛ばして、悟りを開くということである。このようなことから、仏はハスの花の上にいると考えられ、蓮華が仏の台座の定番となったのである。

経典には白、赤、黄、青などのさまざまな蓮華が登場する。このうち、ハスの花は白と赤で、黄色や青は睡蓮《すいれん》のことである。種々の蓮華の中でも最も優れた気高い花とされるのが白蓮華《びゃくれんげ》である。

有名な『法華経《ほけきょう》』の正式名称は『妙法蓮華経《みょうほうれんげきょう》』といい、これをサンスクリット語で『サッダルマ・プンダリーカ・スートラ』という。サッダルマは「正しい仏の教え（妙法）」、プンダリーカは「白蓮華」、スートラは「経典（経）」の意味である。これを現代語訳すると、『白蓮華にたとえられる正しい教えの経典』ということになる。つまり、仏典の中でも最高の教えといわれる『法華経』を、蓮華の中で最上の白蓮華にたとえたのである。

また、阿弥陀如来の極楽浄土について述べた『大阿弥陀経《だいあみだきょう》』という経典には、人は死んだ後、阿弥陀如来に迎えられて、極楽浄土に昇り、そこの池に生えている蓮華の中に生まれると説かれている。さらに東大寺の大仏に代表される毘盧舎那《びるしゃな》如来（仏）は、花弁が一〇〇〇枚もある巨大な蓮華の中にいて法（教え）を説き、その一〇〇〇枚の花弁の一枚一枚には釈迦如来が一人ずついて、法を説いていると述べられている（第二章五八ページを参照）。

❖仏像が雲に乗っている理由《わけ》

蓮華の周りにたなびく雲を表わした台座を雲座《うんざ》という。来迎の阿弥陀如来などによく見られる台座で、極楽浄土から雲に乗って迎えに来るところを表わしたものだ。極楽往生を願う人々の、一刻も早く迎えに来て欲しいという願いを表現したものということができる。

雲に乗る阿弥陀如来などは、彫塑像よりも阿弥陀来迎図という画像に多く見られる。知恩《ちおん》院《いん》に伝わる「聖衆《しょうじゅう》来迎図」という画像は、阿弥陀三尊を中心に、多くの菩薩が雲に乗って往生者（臨終を迎えた人）のところに急ぐ様子を表わしたもので、「迅雲《じんうん》来迎」の名でも親しまれている。

また、阿弥陀如来のほか地蔵菩薩にも、雲座に乗るものが見られる。地蔵菩薩はわれわれの住む娑婆《しゃば》世界を東奔西走して、衆生に救いの手を差し伸べる。これも阿弥陀如来と同じように、少しでも早く救いに来て欲しいという人々の切実な願いから、雲に乗るようになったのである。

❖鳥獣座のいろいろ

動物や鳥などをかたどった台座を鳥獣座といい、文殊菩薩の獅子や普賢菩薩の象などがよく知られている。ここでは前項で挙げなかった、ちょっと変わった鳥獣をご紹介しよう。

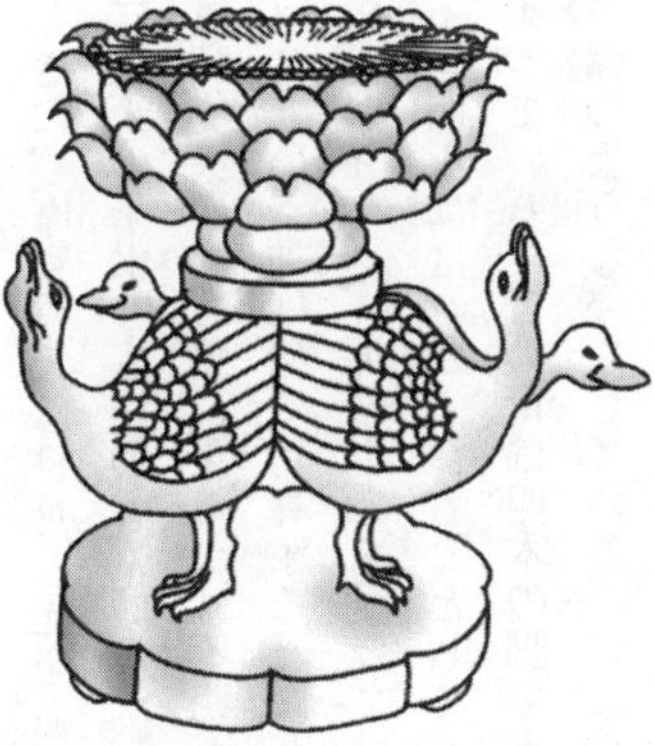

▲梵天の台座

まず、密教の梵天像は四羽の鵞鳥《がちょう》に乗る。ふつう梵天は一面二臂像で蓮華座などに乗るが、密教では四面四臂像で、四羽の鵞鳥の上の蓮華座に乗っている。鵞鳥の由来については必ずしもハッキリしないが、力を合わせて世界を支えているともいわれている。東寺（京都）の講堂の梵天像（平安時代、国宝）が有名である。

また、摩利支天《まりしてん》という天部（神々）の像は、猪《いのしし》の上の三日月に乗っている。摩利支天は陽炎《かげろう》を神格化したものといわれ、インドでは除災《じょさい》増益《ぞうやく》の神として古くから民間で信仰されている。仏教の伝説では、帝釈天《たいしゃくてん》と阿修羅《あしゅら》が戦ったときに、摩利支天は日月の光を遮《さえぎ》って、帝釈天に加勢したと伝えられている。また、一説に梵天の子供ともいわれている。

摩利支天がなぜ猪に乗るかは不明だが、インドのヒンドゥー教の最高神の一神であるヴィシュヌという神は猪に化身するといわれている。摩利支天はインドで盛んに信仰されたことから、ヴィシュヌ神の影響を受けているのかもしれない。

不動明王には眷属《けんぞく》（従者）として八大童子《はちだいどうじ》が従うことがあるが、この中の阿耨達童子《あのくたどうじ》は竜に乗っている。この竜は四本の脚で大地を踏まえ、ちょうど中国の架空の動物として知られる麒麟《きりん》のような姿をしている。竜に乗って天空を駆け巡り、不動明王を力強く補佐することを意味している。

観音菩薩の一つに魚籃観音《ぎょらんかんのん》というものがあって、日本ではとくに鮮魚商や調理師の間で盛んに信仰されている。この観音は、むかし中国で、観音菩薩が美女の魚売りに化身して、仏教の教えを広めたという伝説に基づいて造られたものだ。魚を入れた籠を提げているのが特徴である。しかし、中には大きな魚の上に乗ったものも見られる。

六本の足を持つことで知られている大威徳明王《だいいとく》は水牛に乗っているが、閻魔天《えんまてん》の中にも水牛に乗るものがある。このような閻魔天は密教で造られたもので、前述した梵天と同じく一般の尊像とは姿が異なる。また、鳥獣座に乗る像は、鳥獣の上の蓮華座の乗るのがふつうだが、大威徳明王や密教の閻魔天は水牛に直接、乗るのが特徴である。

❖亀の台座は何を意味するか

中国の伝説では、東方海上に蓬莱山《ほうらいさん》という不老長寿の楽園があり、そこには亀が連れて行ってくれると考えられていた。あるいは、その楽園は巨大な亀の背中にあるとも考えられて、蓬莱山は別名、亀山《きざん》とも呼ばれるようになった。

このような伝説に基づいて、中国で造られるようになったのが亀の台座で、仏像や石碑の台座としてよく目にする。つまり、蓬莱山を表わす神聖な亀の背に、神聖な仏像を乗せたというわけだ。

法隆寺の聖霊院《しょうりょういん》の秘仏である聖徳太子像の体内には、亀に乗った救世《くせ》観音像が納められていることが、近年のエックス線調査で分かった。ちなみに、聖徳太子は救世観音の生まれ変わりとされていることから、体内仏として納められたのである。

❖四天王はなぜ邪鬼を踏みつけるのか

毘沙門天《びしゃもんてん》の腹部に注目してみよう。ちょうどベルトのバックルのような部分に、鬼の顔がついている。これが通称、天邪鬼《あまのじゃく》といわれる鬼神で、本名を河伯面《かはくめん》、河伯、海若《かじゃく》といって、元来は水神の名だった。

これが、毘沙門天が足下に踏みつける邪鬼の起源であり、後には足下にうずくまる邪鬼を天邪鬼と呼ぶようになった。他の四天王も、これを踏まえるものが造られている。

天邪鬼は仏教の教えと、その信者に害を与える邪悪なものを象徴している。つまり、人の心に棲みついて、邪悪な行ないをさせるものを具体的に表わしたのが天邪鬼なのだ。人間の最大の敵である煩悩の象徴でもあり、毘沙門天がこれを撃退してくれるというのである。後には、事ごとに人に逆らう者のことを、一般に天邪鬼というようになった。

ちなみに古い像では、邪鬼はうずくまって、毘沙門天などを背に乗せて仕える姿に造られている。だが、時代とともに毘沙門天に踏みつけられて、苦悶の表情を浮かべるものなどが造られるようになった。

❖立像《りゆうぞう》と座像

仏像には立像と座像がある。そして、立像と座像の中にもさまざまな姿勢や座法がある。

まず立像には、両足を揃えて直立した正立像《しょうりゅうぞう》、一方の足を少し前に出して軽い「休め」の姿勢をとった斜勢像《しゃせいぞう》、経行《きんひん》という座禅のあとに、ごくゆっくりした足取りで歩く姿を捉えた経行像、少し前かがみになった侍立像《じりつぞう》、蔵王権現像《ざおうごんげん》のように、左足を高く振り上げて立った丁字立像《ちょうじ》、金剛夜叉明王《こんごうやしゃ》や降三世明王《ごうさんぜ》などのように、踊りをおどる姿を捉えた舞勢《ぶせい》などがある。

次に、座像の最も代表的なのは座禅のときの座法である結跏趺坐《けっかふざ》で、これには降魔座《ごうまざ》と吉祥座《きっしょうざ》の二つがある。

降魔座は右足を曲げて左足の太ももの付け根の上に置き、足の甲を太ももに密着させて足裏を上に向ける。次に左足を曲げて、右太ももの付け根のところに同じように足の甲を密着させて足裏を上に向ける。

この降魔座と左右を入れ替えた座法が吉祥座である。まず左足を右太ももの付け根につけ、その上に右足を載せて左太ももの上に密着させる。降魔座は降魔成道《ごうまじょうどう》（釈迦が悪魔を退散させて悟りを開いたこと）のときの姿に由来している。

また、結跏趺坐のように両足を左右の太ももの上に載せるのではなく、片足だけを反対側の太ももの上に載せる座法がある。これを半跏趺坐《はんかふざ》という。

このほか如意輪観音《にょいりんかんのん》のように片膝を立てた輪王座《りんのうざ》、来迎の阿弥陀如来に従う菩薩のように尻を少し浮かした跪座《きざ》や蹲踞座《そんきょざ》、弁才天の座法で、いわゆる横座りの姿勢である箕座《きざ》などがある。

さらに座像の中で、台に座ったものを倚座《いざ》という。このうち、ふつうに椅子に座るときのように両足を揃えて踏み下げたものを善跏倚座《ぜんかいざ》、右足を曲げて左膝の上に乗せたものを半跏《はんか》倚座という。善跏倚座は如来像にも見られるが、半跏倚座は菩薩像のみに見られる。半跏倚座の姿勢で、右手の指先を頬に軽く当てたものを半跏思惟形《はんかしゆいけい》といい、弥勒菩薩像に多い。広隆寺（京都）の弥勒菩薩半跏思惟像が有名である。

仏像の座法や姿勢になぜこのような違いがあるのか、ハッキリしたことは分からない。しかし、仏像が最初に造られたガンダーラやマトゥラーなどで行われていた座法や姿勢を基本として、長い距離を長い時間をかけて伝えられるうちに、時代時代の各地の風俗を取り入れていったものと考えられる。

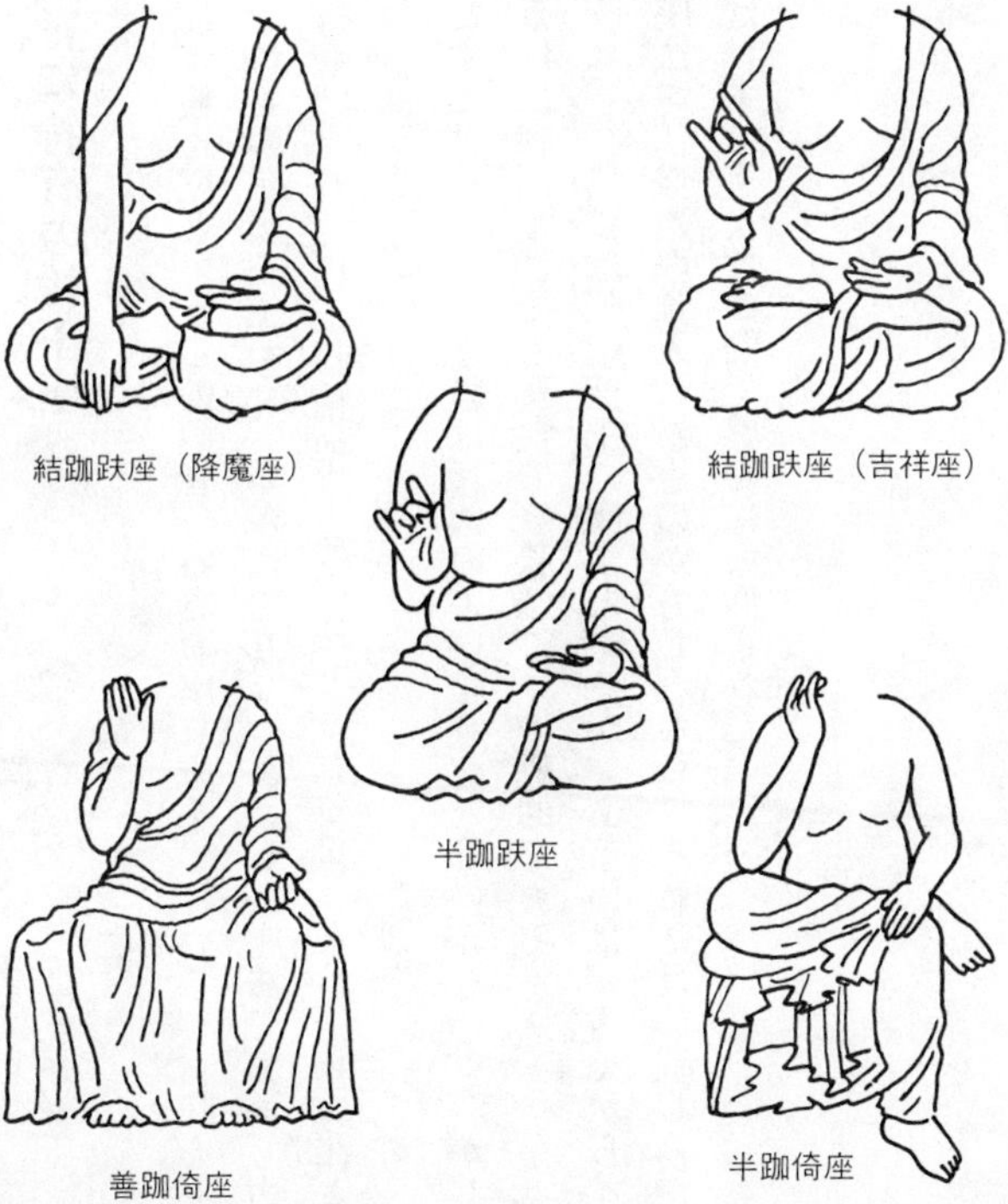
結跏趺座（降魔座）
結跏趺座（吉祥座）
半跏趺座
善跏倚座
半跏倚座

▲座法のいろいろ

❖如意輪観音に特有の輪王座《りんのうざ》

如意輪観音は、輪王座というこの観音に特有の座り方をしている。右膝を立てて、上に向けた左足裏の上に右の足裏を重ねた、いかにもリラックスした座法である。古くからインドでその出現が待ち望まれていた転輪聖王《てんりんじょうおう》の座法とされることから、輪王座と呼ばれている（第六章一五五ページを参照）。

正座を良しとする日本では、立膝は行儀のよい座り方とはいえない。しかし、中近東諸国やインド、さらには韓国などでも女性の立膝はごく一般的である。

前述したように、経典には転輪聖王の座法とあるが、あるいは、古くからインドで一般的だった女性の座法を仏像に取り入れたものかもしれない。それだけに親しみやすく、輪王座の如意輪観音は日本でも女性の間で盛んに信仰された。

第八章

仏像の御利益《ごりやく》には、どんなものがあるか

❖極楽往生を約束してくれる阿弥陀如来

『大無量寿経《だいむりょうじゅきょう》』という経典には、阿弥陀如来の来歴と極楽浄土について次のように説かれている。

遠い昔、錠光《じょうこう》如来という如来がこの世に現われて以来、五十三番目に現われた世自在王《せじざいおう》如来の世に、インドに一人の国王がいた。この王は世自在王如来の説法を聞いてたちまち仏教に帰依し、王位を捨てて一介の修行僧となった。王は法名《ほうみょう》を法蔵《ほうぞう》と名乗った。これが後の阿弥陀如来である。

以来、法蔵比丘《びく》は修行に専念し、五劫《ごこう》（劫はきわめて長い時間の単位）という長い間、どのような仏国土《ぶっこくど》（浄土）を建設しようかと思惟《しゆい》（熟慮）を重ねた。そして、この思惟の後、四十八《しじゅうはち》の大願《たいがん》（四十八願）を立て、これを成就して悟りを開いて如来（仏）となった。今から一劫前のこと、と説かれている。

阿弥陀如来は、現在もわれわれの住む娑婆世界のはるか西方にいて、教えを説き続け、人々の臨終に際して救いにやって来てくれる。

阿弥陀の四十八願のうち、日本の浄土宗や浄土真宗でとくに重要視されているのが、第十八願、第十九願、第二十願である。

▼第十八願

「私が仏になったあとにも、清らかな心で深く仏の教えを信じ、また念仏を十回となえても極楽浄土に往生することができない人がいたならば、私は悟りを開いて仏となることをやめよう。ただし、両親や高僧を殺すなどの五逆《ごぎゃく》の罪を犯したものは別である」

▼第十九願

「私が仏となったのちにも、固く仏教を信じ、もろもろの善い行ないをした人の臨終に際して、私が弟子を連れてその人を迎えに行くことができなければ、私は仏になって悟りの境地に安住することをやめよう」

▼第二十願

「私が仏となったのちにも、南無阿弥陀仏の名号《みょうごう》を聞いて極楽往生したいと願い、さまざまな功徳《くどく》を積んでも極楽往生できなければ、私は仏となることをやめよう」

このように、阿弥陀如来は、その救済の力を信じ、「南無阿弥陀仏」と唱えて、その名を呼ぶ人をことごとく救ってくれるというのである。

ちなみに、浄土宗を開いた法然《ほうねん》上人や浄土真宗を開いた親鸞《しんらん》上人は第十八願をとくに重視する。

❖薬師如来の御利益は健康増進

阿弥陀如来の西方極楽浄土に対して、東の浄瑠璃世界で教えを説くのが薬師如来である。薬師如来の正式な名前は、浄瑠璃世界に住むということから、薬師瑠璃光如来という。

薬師如来の浄土には苦しみもなく、悪人もいないが、女性もいないという。その大地には瑠璃が敷き詰められ、道は金の縄で作られ、宮殿などの建物はすべて七宝《しっぽう》（種々の宝石）でできている。その功徳と美しさは、阿弥陀如来の極楽浄土とまったく異ならないと、『薬師経』という経典には説かれている。

さて、この薬師如来も阿弥陀如来と同じように、修行時代に「十二の大願」を立てたという。そのうち主要なものを挙げれば、次のとおりである。

▼第三願

「わたしが仏となったら、一切衆生（すべての生きもの）が欲するものは、何でも不足することなく得られるようにしよう」

▼第七願

「わたしが仏となったら、一切衆生の病気を治し、心身ともに健康にしよう」

▼第十一願

「わたしが仏となったら、食べ物に飢えている人々に、上等な食事を腹いっぱい食べさせてあげよう」

▼第十二願

「わたしが仏となったら、貧しくて満足な衣服がない人たちに、すばらしい衣服と装飾品を与えよう」

このような内容の大願は、すべて現世利益《げんぜりやく》的なもので、われわれの生活に沿った分かりやすいものだった。とくに第七願が医療の貧弱な時代には歓迎され、薬師如来は早くから盛んに信仰された。そして、左手に薬壺《やっこ》を持つ像が盛んに造られるようになった。

阿弥陀如来は、すべての人を極楽浄土に導いてくれるが、それはわれわれが死んだ後のこと。これに対して、生きている間に救いの手を差し伸べてくれるのが薬師如来である。

このような現世利益の性格が歓迎され、薬師如来は日本でも早くから信仰を集めた。奈良の薬師寺は天武《てんむ》天皇（在位六七三〜六八六）が皇后（後の持統《じとう》天皇、在位六八六〜六九七）の病気平癒のために、薬師如来を本尊とする寺院の建立を発願し、持統天皇が完成したものだ。

その後、病気を治し、貧しい者の衣食を満たすという御利益が歓迎されて、民衆の間でも大いに信仰を集めた。今日でも毎月八日には、各地で薬師如来の縁日が開かれて、賑わっている。また、「何々薬師」という地名が各地に点在し、不動明王などとともに庶民の信仰を集めてきたことを裏付けている。

❖タコ薬師はデキモノに霊験《れいげん》あらたか

「蛸《たこ》薬師」という薬師如来をご存知だろうか。蛸はもちろん海に棲む八本足のタコのこと。

それが薬師如来とどういう関係があるのか、ちょっと考えてしまう。しかし、この蛸薬師は全国各地に点在し、庶民の間で篤く信仰されてきた。たとえば、京都の二条城近くや、東京の目黒不動の近くにも蛸薬師があり、いまでも庶民の信仰を集めている。

前項でも述べたように、薬師如来には病気平癒の御利益があるが、蛸薬師はとくにイボやデキモノを治すのに霊験を発揮するという。つまり、蛸の吸盤にあやかってイボやデキモノを吸い出してもらおうというのが蛸薬師の起源である。

昨今では、イボやデキモノで悩む人は少なくなったが、かつては栄養状態の関係からか、イボやデキモノで悩む人々が多かった。蛸薬師はそのような人々の切実な願いから生まれた。いわば、薬師如来のバラエティ・ヴァージョンということができる。

❖子供の守護神――地蔵菩薩

中国には仏教が伝えられる以前から、冥界の一〇人の王が死者の生前の罪を裁くという信仰があった。これを「十王《じゅうおう》伝説」というが、これと地蔵菩薩が結びついて、十王の裁きに際して、地蔵菩薩が助けてくれるという信仰が生まれた。また、閻魔王《えんまおう》も十王信仰と結びついて冥府《めいふ》（死後の世界）の王になったもので、地蔵菩薩と深い関わりを持つようになった。

このような中国の信仰が日本にも伝えられて、盛んになったのである。

そして、地蔵菩薩は地獄とこの世の境に立って、衆生を救うとされたことから、道祖神《どうそじん》や賽神《さいのかみ》（邪霊の侵入を防ぐ神）とも結びつき、村境などに地蔵が立てられるようになった。

さらに地蔵菩薩は子供との関わりが深い。幼くして亡くなった子供は、親を悲しませることから、閻魔大王に親不孝の咎《とが》で責められる。子供にとって酷な話だが、中国の儒教思想では親孝行の「孝」の思想が重視される。そのため、子供には親不孝の罪があると考えられたのである。

これはもちろん、仏教本来の考え方ではなく、中国の儒教的な解釈だ。とはいっても、子供たちは親不孝の罰として賽の河原で小石を積むように命じられる。そして、やっと積み上げたかと思うと、地獄の獄卒《ごくそつ》が来て、鬼の金棒のようなもので積み上げた石を崩してしまう。子供たちは泣きながら、再び石を積むという、そんな生活を来る日も来る日も続けるのである。

日本では、子供がそんな目に遭っているとき、地蔵が親代わりになって助けてくれるという信仰を生んだ。地蔵によだれ掛けをかけたり、玩具や菓子などを供えるのはそのためで、日本独自の信仰である。また、水子供養に地蔵を建立する習慣があるが、これは近年になって考案された新しい信仰である。

❖遠い未来を救う弥勒菩薩

仏典によれば、弥勒はインド中部のバナラシ国（現在のベナレス）でバラモンの家に生まれ、長じて釈迦の弟子となった。釈迦が祇園精舎《ぎおんしょうじゃ》で多くの仏弟子や在家《ざいけ》の信者に説法をしていたときに、即座に説法の内容を理解した弥勒は、釈迦の前に進み出て合掌した。その姿を見た釈迦は、今から一二年後に彼が入滅《にゅうめつ》（亡くなること）して兜率天《とそつてん》に往生することを約束したという。釈迦に先立って入滅した弥勒菩薩は、釈迦の予言どおり、兜率天に昇ったという。

そして、仏滅後（釈迦が亡くなった後）、五十六億七千万年後に弥勒菩薩はこの娑婆《しゃば》世界（われわれ人間が住んでいる世界）に下生《げしょう》し（降りて来て）、竜華樹《りゅうげじゅ》という木の下で悟りを開き、三会《さんえ》の説法によって釈迦の救済に漏れた人々を救うことになっている。

また、『弥勒下生成仏経《みろくげしょうじょうぶつきょう》』という経典によれば、弥勒菩薩は娑婆世界に降りて来る際に、修梵摩《しゅぼんま》という大臣とその妻の梵摩越《ぼんまおつ》という有徳の夫妻を自らの父母として選び、梵摩越の右脇腹から生まれると、記されている。これは釈迦が国王である浄飯王《じょうぼんおう》を父とし、王女だった摩耶夫人《まやぶにん》を母として生まれたという、釈迦の伝説を模したものである。

▲弥勒菩薩

ちなみに、三会の説法というのは、如来（仏）が行なう三回の説法のことである。多くの如来が衆生を救うために三回の説法を行なっているが、弥勒のものがとくに有名で、初会《しょえ》（第一回目）の説法で九六億、第二会（第二回目）に九四億、第三会（第三回目）で九二億の人々に説法をして、一切衆生（すべての人々）を救うといわれている。

五十六億七千万年というのは、想像を絶する長い時間である。しかし、仏教では、人は死んでもまた生まれ変わるという輪廻《りんね》転《てん》生《しょう》の思想を説く。輪廻転生を繰り返すうちに、五十六億七千万年が過ぎ、すべての衆生が救われるというのである。

❖延命の御利益は抜群──普賢延命菩薩《ふげんえんめいぼさつ》

普賢菩薩は、別名「遍吉《へんきち》」とも呼ばれる。これは文字どおり、吉祥が遍《あまね》く行き渡るという意味である。一切衆生に幸福をもたらしてくれる、ありがたい菩薩なのである。

普賢菩薩の功徳については、さまざまな経典に説かれるが、中でも普賢菩薩には延命の徳があるとして、延命祈願の本尊としてまつられるのが普賢延命菩薩である。

これは密教で発展したもので、その姿は二十臂《にじゅっぴ》像（二〇本の手を持つ像）で、一身四頭（身体が一つで、頭が四つ）の白象の上の蓮華座に乗るものが一般的だ。二〇本の手には剣、金剛杵《こんごうしょ》、羂索《けんじゃく》などの武器を中心に、さまざまな持物を持つ。また、二十臂で蓮華座に結跏《けっか》趺坐《ふざ》するもの（高尾曼荼羅）などがある。

さらに、二臂《にひ》で一身三頭の白象に乗るものがあり、この場合は右手に金剛杵、左手に金剛《こんごう》鈴《れい》を持つ（第六章一五九ページを参照）。

世界一の長寿国に住む現代の日本人にとって、延命長寿というのはあまりピンと来ないかもしれない。しかし、「人生五十年」といわれた時代には、延命長寿に霊験あらたかな普賢延命菩薩は盛んに信仰されたのである。

❖普賢菩薩は女性の強力な味方

前項で述べたように、普賢菩薩にはさまざまな御利益があるが、『法華経《ほけきょう》』には、この菩薩が「女人成仏《にょにんじょうぶつ》（女性が成仏すること）」を助けてくれると説かれているため、早くから女性の信仰を集めた。

初期の仏教では、女性が成仏するのは難しいとされていたが、女性の成仏をはじめて約束したのが『法華経』である。そして、中でも普賢菩薩が中心的な役割を果たして女性を救うと説かれていることから、男性に比べて冷遇されていた女性の間で、普賢菩薩の人気が高まったのである。

そして、日本では平安時代の貴族趣味と相まって、美しい女性の像に造られたものもある。この場合、十羅刹女《じゅうらせつにょ》を眷属《けんぞく》として従え、雲に乗って現われる姿の画像が多い。羅刹女は女性の鬼だが、仏教に帰依してその守護神となった。また羅刹女は、女性には優しいが男性には厳しい。ちなみに、羅刹女はきわめて美しいが、男性が近づくとその命を奪うともいわれている。

❖虚空蔵《こくうぞう》菩薩と十三参り《じゅうさんまいり》

虚空蔵菩薩は密教で発達した菩薩で、文殊菩薩とともに智慧を授けてくれる菩薩として信仰されている。密教では「虚空蔵菩薩求聞持法《ぐもんじほう》」という修行法があり、虚空蔵菩薩を本尊にして修行を行なえば、超人的な記憶力を授かるという。弘法大師空海も若いころ、この修行をして、人並み外れた記憶力を授かったと伝えられている。

室町時代のころから、その虚空蔵菩薩が、日本独自の民間信仰である十三仏《じゅうさんぶつ》信仰と結び付き、「十三参り」と称する独自の民間信仰を生んだ。

十三仏信仰とは、人が亡くなって初七日《しょなのか》から三十三回忌《さんじゅうさんかいき》までの間に営まれる一三回の忌《き》日《じつ》に一三の仏、菩薩・明王が現われて、亡き人の菩提《ぼだい》を弔《とむら》うというもので、それぞれの忌日に配当された仏、菩薩を本尊として法要を営む。

初七日《しょなのか》は不動明王、二七日《にしちにち》は釈迦如来、三七日《さんしちにち》は文殊菩薩、四七日《ししちにち》は普賢菩薩、五七日《ごしちにち》は地蔵菩薩、六七日《ろくしちにち》は弥勒菩薩、七七日《しちしちにち》は薬師如来、百箇日《ひゃっかにち》は観音菩薩、一周忌《いっしゅうき》は勢至菩薩、三回忌《さんかいき》は阿弥陀如来、七回忌《しちかいき》は阿閦《あしゅく》如来、十三回忌《じゅうさんかいき》は大日如来、そして三十三回忌には虚空蔵菩薩が現われて、死者の供養をしてくれるという。

最後の一三番目に虚空蔵菩薩が現われることから、一三という数になぞらえて数え年の一三歳になった少年、少女が、旧暦の三月一三日に虚空蔵菩薩にお参りするという風習が生まれた。これが十三参りの信仰で、この日にお参りすると智慧を授かり、頭が良くなるというのである。

このような十三参りは関西を中心に今も行なわれており、とくに京都嵯峨《さが》の法輪寺《ほうりんじ》は十三参りの寺として人々の信仰を集めている。法輪寺では、毎年四月一三日（旧暦の三月一三日の近く）に着飾った子供が親に連れられ、渡月橋《とげつきょう》を渡って虚空蔵菩薩にお参りする。当日は境内で一三種類の菓子が売られ、参詣者はこれを買って虚空蔵菩薩に供え、学業成就や芸事の上達などを祈願する。

参詣を終えた人は再び渡月橋を渡って帰って行くのであるが、このとき子供には橋の途中で、決して後ろを振り向かないようにと、よくよく言い聞かせる。振り向くと、せっかく授けてもらった智慧を虚空蔵菩薩に返してしまうという言い伝えがあるためだ。

京都では、七五三よりも十三参りを重んじる。古くから商業が発達し、芸事が盛んだった京都では、子供が虚空蔵菩薩から智慧を授かって、早く一人前になるようにと親たちが願ったのである。

❖ギャンブルの守護神になった馬頭《ばとう》観音

馬頭観音はサンスクリット語でハヤグリーヴァといい、文字どおり「馬の頭を持つもの」という意味である。

この観音は、ヒンドゥー教の最高神の一神であるヴィシュヌという神の化身だという。インドの神話によると、むかし二人の悪魔が『ヴェーダ』というインド最古の聖典を盗んだ。これを憂慮した梵天が、ヴィシュヌに取り戻してくれるように要請した。これに応えてヴィシュヌは馬の頭に変身して、東北の海中に入り、聖典を奪還したという。

これが馬頭観音の起源であるといわれ、六観音の一つに数えられ、日本では庶民の間でもよく親しまれている。また、前述の神話からも分かるように、この観音は天馬のように縦横無尽に駆け巡り、あらゆる障害を乗り越えて目的を達成する。そして、自らは悟りを求めず、娑婆《しゃば》世界に留まって衆生を救済しようという誓願を立てた。さまざまな悪と戦ってこれを駆逐し、衆生のあらゆる苦悩を断ち切ることを使命とする。

その奮闘ぶりは、ちょうど馬が草をむさぼり食うのに似ている。人々の煩悩（迷い）を食い尽くし、畜生道《ちくしょうどう》（動物に生まれて、いわれのない虐待を受けて苦しむ世界）に堕《お》ちた衆生を救うといわれている。

このように分かりやすく、頼もしい性格の馬頭観音は早くから庶民の盛んな信仰を集めた。数多くの馬頭観音像が造られたが、とりわけ日本では路傍に多くの石像が見られる。

さまざまに変化する観音菩薩の中で、不動明王と同じような忿怒形《ふんぬぎょう》に表わされるのは、馬頭観音だけである。手強《てごわ》い煩悩を駆逐するには、優しい慈悲の表情では手に負えないと考えられるからだ。また、馬頭観音は忿怒の相をとることから、明王《みょうおう》としても信仰され、馬頭明王、馬頭金剛《こんごう》明王などと呼ばれることもある（第三章八九ページを参照）。

馬頭観音は日本では非常にポピュラーな観音として、今日でも信仰を集めている。奈良時代にはすでに伝えられ、京都の浄瑠璃寺《じょうるりじ》などの優れた作品（鎌倉時代の製作）が造られた。

しかし、わが国では馬頭観音の本来の功徳に基づく信仰はあまり見られず、鎌倉時代以降には独自の信仰が生まれた。というのは、当時は馬が重要な交通手段だったことから、馬頭を持つこの観音が交通安全の守護神として大きくクローズアップされたのである。

今日、寺院に安置されている馬頭観音はそれほど多くはないが、地方の農村地帯などの路傍に立てられた石像などをよく見かける。あるいは、石に「馬頭大士《ばとうだいし》」などと文字を刻んだだけのものもある。

さらには、食肉処理場や競馬場などには必ず馬頭観音がある。食肉処理場の馬頭観音は殺された畜類の霊を慰めるため、競馬場のそれは日々鞭打たれて走らされている馬の労をねぎらうためにまつられている。

ただし競馬場では、馬の守護神であるこの観音に、競馬での必勝を祈願する人もいるという。つまり、当初の性格が大きく偏向して、ついにギャンブルの守護神になってしまったのである。このように日本では「馬頭」という名前からの連想で、交通安全や馬の守護神として特異な信仰に発展した。

❖お不動さんの御利益は現世の幸せ

不動明王は、平安時代の初めに弘法大師空海《こうぼうだいしくうかい》によってわが国に伝えられ、信仰を集めるようになった。忿怒《ふんぬ》（激しい怒り）の表情で右手に剣を握り、左手に羂索《けんじゃく》という縄を持って、燃え盛る火焔を光背《こうはい》とする。忿怒の表情は人々が煩悩《ぼんのう》（欲望）を持っていることへの激しい怒りを示している。そして羂索でその煩悩を縛り上げ、智慧を象徴する剣で衆生を正しい道に導くという（第三章八八ページを参照）。

不動明王は古くは国家安泰を祈願する祈禱《きとう》の本尊とされ、鎌倉時代ごろからは山岳信仰とも結びついて山伏《やまぶし》たちの間で大いに信仰を集めた。また、その力強い姿は無敵の荒武者を連想させ、武士の間でも軍神として尊崇された。さらに、江戸時代になると、庶民の間でも盛んに信仰を集めるようになった。各地に不動坂、不動の滝などの地名があるのは、不動明王の信仰が広く行き渡っていたことを示すものである。

また、真言宗や天台宗の寺院では護摩《ごま》を焚《た》くが、この護摩の本尊になるのが不動明王だ。護摩は平安時代に弘法大師空海が、中国から日本に伝えたものである。信者が願い事などを書いた護摩木《ごまぎ》を護摩壇《ごまだん》の炉の中で燃やし、その中に護摩百味《ひゃくみ》と呼ばれる、五穀をはじめとしたさまざまなものを投じる。

護摩の炎は不動明王の化身で、深遠な智慧を表わし、護摩木は煩悩を表わすという。つまり、不動明王の化身の炎が煩悩を焼き尽くすのである。そして、煩悩が焼き尽くされて清浄になったわれわれの願いは、不動明王がことごとく叶えてくれるという。

護摩の御利益は息災《そくさい》、増益《ぞうやく》、調伏《ちょうぶく》。息災は災いを除くこと、増益は幸福をもたらすこと、調伏は悪を退散させることである。つまり、護摩を焚くことによって、すべての御利益に預かることができるのである。

不動明王の御利益は家内安全、商売繁盛、病気平癒、厄除け、交通安全といった現世利益的なもので、いつの時代にも人々に共通する願いだ。真言宗や天台宗の寺院では、定期的に護摩を焚いている。

また、高野山や成田山新勝寺《しんしょうじ》などの大寺院では毎日、五、六回、焚いているところもある。

❖烏枢沙摩《うすさま》明王はトイレの神？

▲烏枢沙摩明王

烏枢沙摩明王は平安時代に密教とともに伝えられ、五大明王（第三章八九ページを参照）に続く一尊に挙げられている。日本では、主に民間で盛んに信仰された。またの名を不浄金剛《ふじょうこんごう》といい、不浄なものを清浄にする力があるという。このことから、トイレなどの不浄所にまつられた。かつて、トイレは疫病などの発生源となる可能性が大きいことから、そこを清潔に保つことが重視されたのである。

現在でも古い商家などで、烏枢沙摩明王の姿を描いたものや、「烏枢沙摩明王」と墨書《ぼくしょ》したお札がトイレに貼ってあるのを見かけることがある。また、トイレの守護神ということから、この明王を信仰すると、「下《しも》の世話」をかけなくても済むという信仰も生まれた。

このように、烏枢沙摩明王は主に民間で信仰されてきたが、天台宗では金剛夜叉明王の代わりに烏枢沙摩明王を入れて五大明王とする一派もあり、また、浄土宗などでは放生会《ほうじょうえ》（生き物を供養する法要）の本尊としてまつられることもある。

❖弁才天はもともと雄弁、音楽の神

前にも述べたが、弁才天はサンスクリット語でサラスヴァティーといい、その昔インドにあった同名の河（現在は存在しない）を神格化したものである。インドでは古くから重要な女神として崇拝され、ヴェーダ聖典の神話にも登場する。

弁才天はもともと河川の神であるが、川の流れる音は音楽にたとえられて音楽の神ともなり、さらに音楽は流暢《りゅうちょう》な言葉に通じることから、雄弁に語る弁舌の神ともなった。もともと弁才天の名は、その滑らかな弁舌に由来する。そして、雄弁に語るものは聡明であるという連想から学問の神となった。

さらには幸福や財宝、子宝などを授けてくれる神としても、信仰されるようになった。現在でもインドでは、いま述べた性格を兼ね備える神として信仰を集め、とりわけ作家や音楽家などの間で人気がある。

このサラスヴァティーが仏教に取り入れられて、弁才天となった。優れた智慧をもって雄弁に語るということから「弁才天」と名付けられ、雄弁、智慧、音楽、豊穣など、古代インド以来の性格はそのまま受け継がれた。

日本には吉祥天などとともに伝えられ、はじめは貴族の間で信仰を集めていた。やがて水の神という性格が日本古来の水神《すいじん》信仰と結びつき、庶民の間に信仰が広まっていった。弁才天が湖沼などに棲《す》む魔物を鎮めるとして、全国各地の水辺には必ずといってよいほど、弁才天をまつる弁天堂が造られるようになった。

また、近世（江戸時代ごろ）になると、福の神として熱烈な信仰を集めるようになった。そして金運や開運の神としての性格が強くなり、俗に「弁財天」と書くようになったのも、近世以降のことと考えられている。

江ノ島（神奈川県）、琵琶湖の竹生島《ちくぶじま》（滋賀県）、厳島《いつくしま》（広島県）の弁天堂は、「日本三弁天」として古くから信仰を集めた。また、弁財天の縁日が巳《み》（ヘビ）の日であることから、巳の年には「弁財天百社参り」なども行なわれ、さらには七福神の一人としても盛んな信仰を集め、庶民の間にすっかり浸透した。

水で金を洗うと金運を授かるという銭洗《ぜにあらい》弁天は、弁財天の水神としての性格と福神としての性格をミックスした俗信で、民間の信仰心によくマッチしたものである。鎌倉の銭洗弁天は現在でも多くの参拝者が訪れ、中には一万円札をザルに入れて洗う人もいる。さらには学問や芸ごとの上達や出世にも御利益があるとして、人気を呼んでいる。

しかし、一方で弁財天は嫉妬ぶかく、男女の仲を引き裂くともいわれ、縁結びには敬遠される。

また、稲荷《いなり》の使いはきつねだが、弁才天は蛇を使いにしている。これは、弁才天と習合《しゅうごう》した（結びついた）日本の水神が、もともと蛇に対する信仰だったことに由来する。前述したように毎月、巳の日が弁財天の縁日で、この日には古くから弁天堂で祭が行なわれ、蛇の絵馬が奉納される。

日本では、古くから蛇を神聖な生き物とする考えがあった。蛇が危難を救ったなどという伝説も伝えられ、家の守り神として尊重されてきた。そして、この蛇が弁才天の使いであることから、蛇の抜け殻を財布に入れておくとお金が増えるという俗信を生んだ。

❖台所を守る大黒天《だいこくてん》

大黒天は古くからインドで信仰されていたものが、後に仏教に取り入れられた。もともと戦いの神で、サンスクリット語名のマハーカーラは「真っ黒」という意味。身体の色が黒いから、大黒天といわれるのである。

平安時代に天台宗の開祖、伝教大師《でんぎょうだいし》最澄《さいちょう》が伝えたといわれ、初めは主として天台宗の寺院で信仰されていた。だが、時代が下ると宗派を超えて、寺院の庫裏《くり》の守護神としてまつられるようになった。

そして、さらに時代が下ると、大国主命《おおくにぬしのみこと》と同一視されるようになり、農耕の神、福徳円満の神として盛んな信仰を集めるようになった。これは「大黒」と「大国」の音が共通するためで、以降、大黒と大国主命は混同されるようになった。そして、相乗効果も手伝って、大黒は庶民の間でますます人気を得るようになったのである。

また、関東などでは寺の主婦のことを「大黒さん」というが、これは庶民の間で大黒天が台所の神として信仰されていたことに由来する。さらに、九州や四国では大黒天を田の神として信仰している地域もある。これは農耕神としての性格に由来するものである。

このように大黒天は、庶民の間に深く根づいていった。これには大黒天の姿で「大黒舞《だいこくまい》」という踊りを演じたり、縁起の良い大黒札《だいこくふだ》を配って諸方を歩いた芸人たちが大いに貢献したという。こうした大黒信仰が民間に浸透すると、大国主命を祭神とする出雲大社への信仰も広まっていったのである。また、今でも出雲では出雲大社のご祭神を「大国主命」とは言わず、「大国《だいこく》さま」と呼んでいる。

❖遊廓や花街で信仰された聖天《しょうてん》さま

聖天とは、正しくは大聖歓喜自在天《だいしょうかんぎじざいてん》と称し、略して歓喜天《かんぎてん》、聖天という。庶民の間では「聖天さま」として親しまれている。

古くはヒンドゥー教の最高神、シヴァ神の別名とされていたが、仏教に入ってからシヴァの子供のガネーシャと同体とされるようになった。ヒンドゥー教では象面人身のガネーシャは、諸々の障害を除き、夫婦和合や子宝を授ける神として盛んに信仰されている。また、夫婦和合ということから、性的なシンボルとしての信仰も篤い。インドでは現在でもガネーシャの像が諸所に見られ、家々の祭壇などにまつられている。

このようなガネーシャの性格は、歓喜天にも受け継がれ、古くから庶民の間で特殊な信仰

▲双身歓喜天

を集めている。仏教の神でありながら性的なイメージを持つことから俗信を生み、一時代前には遊郭などで盛んに信仰された。たとえば、東京浅草の浅草寺《せんそうじ》の近くには、待乳山《まつちやま》聖天という聖天さまがある。江戸時代には、この聖天さまのすぐ近くに吉原の遊廓があった。このように、かつて遊廓や花街があったところには、聖天をまつるお堂がけっこうある。

そして、現在でも商家や水商売の人たちの熱烈な信仰を集めているのである。

その姿はガネーシャと同じく象面人身で、二臂、四臂、三面六臂などさまざまな像容のものがある。インドでは単身（一体）の座像が多く造られるが、日本では和合の象徴ということから、二体が抱擁するものが多い。二体抱擁の場合、一体は男神、一体は女神である。一説に、女神は歓喜菩薩の化身で、その深い慈悲の心によって、もと魔王だった聖天の欲望を満たしてやった。それによって聖天は仏教の守護神となったという。また、単身の座像の場合、持物として大根を持つ。聖天さまは大根がことのほかお好きで、今でも大根を供える風習がある。

歓喜天の像は、経典には七寸（約二一センチ）、五寸（約一五センチ）などと記され、作例も小さな金銅像が多い。歓喜天法という、この神の御利益に与《あず》かるための秘法を行なうときに、「浴油供《よくゆく》」「酒供《しゅく》」「華水供《けすいく》」などと称して、油や酒、香水をかけて供養するのに使われるため、金属製の小型のものが造られたのである。

また、歓喜天はふだんは秘仏で厨子の中に納められているが、月に一度の縁日の日には厨子から出して前述の歓喜天法が行なわれる。

❖守護本尊《しゅごほんぞん》の御利益はさまざま

守護本尊は子《ね》年や丑《うし》年など、生まれた年の干支《えと》によって定められているものだ。われわれが生まれてから死ぬまで守り続けてくれるといわれ、「一代守り本尊」などといわれて、今でも盛んな信仰を集めている。

守護本尊の信仰はもともとインドにはなかったが、中国に仏教が伝えられると、仏・菩薩などが子・丑・寅《とら》……などの干支と結び付いて、生まれたものである。これがいつのころか日本にも伝えられて、民間で盛んに信仰されるようになった。それぞれの干支の守護本尊とその御利益、縁日などは以下のとおりである。縁日はそれぞれの守護本尊と縁を結ぶ日で、この日にお参りすれば御利益は万倍になると信じられている。

干支	守護本尊	御利益	縁日
子年	千手観音《せんじゅかんのん》	千手観音は人々の様子を詳細に観察して、千本の手に象徴される、あらゆる手段で救ってくれる。	一七日
丑年 寅年	虚空蔵《こくうぞう》菩薩《ぼさつ》	広大無辺の慈悲で、信仰する者をやさしく包み込んでくれる。	一三日
卯《う》年	文殊《もんじゅ》菩薩	「三人よれば文殊の智慧」といわれるように、智慧に優れた菩薩。その偉大な智慧で、信仰するものを自在に救ってくれる。	二五日
辰《たつ》年 巳《み》年	普賢《ふげん》菩薩	勤勉な菩薩で、信仰する者を叱咤激励して、正しい道に教え導いてくれる。	二四日
午《うま》年	勢至《せいし》菩薩	この菩薩を信仰すれば、黙っていても、やがて悟りの境地に至ることができるという。	一七日
未《ひつじ》年 申《さる》年	大日如来《だいにちにょらい》	仏、菩薩をはじめ、すべてのものはこの如来から生まれる。だから、その加護のもとにいれば、安泰というわけだ。	八日

酉《とり》年	不動明王《ふどうみょうおう》	大日如来の化身で、その恐ろしい顔ですべての煩悩《ぼんのう》を打ち破ってくれる。仏教の教えに背いたり、言うことを聞かない者には、きわめて厳しい態度でのぞむが、仏教を信仰し、精進する者には従順にしたがって、親切に世話を焼いてくれる。	二八日
戌《いぬ》年 亥《い》年	阿弥陀如来《あみだにょらい》	この如来の名を称えれば、必ず極楽浄土《ごくらくじょうど》に連れて行ってくれる。	一五日

第九章

仏像にまつわる伝説とエピソード

❖川の中に横たわっていた善光寺《ぜんこうじ》如来

長野の善光寺は、古くから宗派を超えて人々に盛んに信仰されてきた。その信仰の的となっているのが、本尊の「一光三尊阿弥陀如来《いっこうさんぞんあみだにょらい》」である。この像はその名が示すとおり、一つの光背の中に、阿弥陀如来を中心として左（向かって右）に観音菩薩、右に勢至《せいし》菩薩が並び、善光寺式阿弥陀如来とも呼ばれている珍しいものだ。

善光寺の寺伝によれば、この仏像は、インドの毘舎離国《びしゃりこく》という国の月蓋《げつがい》長者という人が個人的に礼拝していた念持仏《ねんじぶつ》だったという。それが因縁あって中国、朝鮮半島を経由し、五五二年に日本に伝えられたとされている。三つの国に相次いで伝えられたことから、「三国伝来の阿弥陀仏」ともいわれている。

この三国伝来の阿弥陀仏を、皇極《こうぎょく》元年（六四二）に本多善光《ほんだぜんこう》という人物が当地にまつったのが、善光寺の起源とされている。本多善光は長野県の南部で勢力を張った地方豪族だった。あるとき、所用があって、当時、都があった難波《なにわ》（現在の大阪府）に出かけて行った。その帰りに川辺を歩いていると、川の中から光を発しているものがある。尋常ならざる気配を感じた善光が、その光の方に近寄ってみた。すると、川の中に一体の仏像が横たわっていた。

不思議な縁を感じた善光は、その仏像を川の中から引き出し、郷里にまつる決意をしたという。難波から信濃（長野県）まで数百キロの道のりを旅することになったが、この長旅の途中、昼間は善光が仏像を背負い、夜間は仏像が善光を背負って道を急いだと伝えられている。信濃に着いた善光は、自邸にお堂を建てて、この仏像を大切にまつった。これが、善光寺の始まりで、以降、本尊の阿弥陀如来は絶大な信仰を集めるようになった。

ちなみに、三国伝来の阿弥陀如来は、元《もと》善光寺（長野県飯田市）にまつられてから十年を経た白雉《はくち》三年（六五二）、「自分はあまりにも神々しい存在だから、人前に身をさらすことはふさわしくない」と託宣して、自ら秘仏になったという。

以来、誰の目にも触れることなく、本堂の瑠璃壇《るりだん》の中に納まっているという。善光寺の僧侶でさえも拝むことができない。その後は不可視ゆえに神秘性を増し、ますます信仰が盛んになった。

鎌倉時代には、前立ち本尊（本尊と同じ姿の尊像）が造られたが、この前立ち本尊も早くから秘仏化されて定期的に開帳されるようになり、老若男女、貴賤を問わず盛んに信仰された。現在でも七年に一度の御開帳には、約五十日間に六〇〇〇万人もの人々が参詣するという盛況ぶりである。

❖数奇な運命を辿《たど》った本尊

前項で述べたように、本多善光がはるばる信濃に運んだ阿弥陀如来は、間もなく姿を隠し、鎌倉時代には前立ち本尊が造られた。そして、その前立ち本尊も神聖視され、多くの人々に信仰されて、現在に至っている。そして、あまりにも熱烈に信仰された結果、この仏像はまた数奇な運命を辿ることにもなった。

つまり、戦国時代になると、全国各地の戦国大名が信仰し、この阿弥陀如来像を奪って、自分の領地にまつるという、何とも理不尽な行動に出たのである。

まず、弘治《こうじ》二年（一五五六）には甲斐《かい》（山梨）の武田信玄が多くの家臣とともに善光寺に参詣し、その帰りに阿弥陀如来像を自国に持ち帰った。間もなく武田氏は織田信長によって滅ぼされた。だが、今度は天下をとった信長が、この仏像を岐阜に持ち帰った。そして、信長が本能寺の変で倒れると、当時、急速に台頭してきた徳川家康が遠州（静岡県）に運んだ。その後、再び甲斐に運ばれたが、天正《てんしょう》一四年（一五八六）に豊臣秀吉が京都に方広寺《ほうこうじ》を建て、ここに運んで安置した。

しかし、方広寺も慶長《けいちょう》元年（一五九六）に地震で崩壊したが、秀吉はこれを再建しないまま、翌々年の慶長三年にこの世を去った。そして、この年にようやく、一光三尊阿弥陀如来像は善光寺に戻されたのである。

このように、仏像が長い距離を移動した例はほかにもある。たとえば、成田山の本尊、不動明王はもとは京都の神護寺《じんごじ》の本尊だったが、平将門《まさかど》の乱の平定を祈願して下総国《しもうさのくに》（千葉県）に運ばれている。しかし、善光寺の阿弥陀如来ほど各地を転々とした仏像は、他にはないようだ。

これは、善光寺の本尊が古くから宗派を超えて絶大な信仰の的になってきたこともちろんだが、あらゆるものを権威の象徴にしようとした戦国大名の政略のあらわれでもあった。まさに時代の流れに翻弄された仏像である。

全国には多くの善光寺があるが、本多善光が最初に阿弥陀如来をまつった元《もと》善光寺、武田信玄が一時、前立ち本尊をまつった甲斐《かい》善光寺（山梨県甲府市）、同じく織田信長がまつった善光寺東海別院（愛知県祖父江町）と、本家本元の長野市の善光寺が四大善光寺としてとして重んじられている。

七年に一度の御開帳では、長野市以外の三つの善光寺でも、それぞれの前立ち本尊が同時に開帳される。

❖「牛に引かれて善光寺」は、ケチな老婆から生まれた

むかし、信州の小諸《こもろ》にケチで信仰心のかけらもない老婆がいた。かつて観音の縁日には干し物をしてはいけないといわれていたというが、不信心な老婆はそんなことはお構いなしに干し物をしていた。すると、どこからともなく一頭の牛がやってきて、干し物を角に引っ掛けて歩み去った。ケチな老婆は、これは一大事と、擦り切れた下駄を突っかけて、牛を追いかけ、ついに善光寺まで来てしまったという。

しかし、干し物は見つからず、老婆はすごすごと小諸に戻ってきた。すると、村の観音の首にその干し物が掛かっていたという。

これを見た老婆は観音が牛に化身して、自分のケチ根性を正し、日ごろの不信心を戒めようとしたのだということを悟り、以降、改心して信仰心を篤《あつ》くしたという。つまり、善光寺の阿弥陀如来はまるで不信心な者にも、信仰のきっかけを作ってくれたということを示すための逸話である。

それにしても、小諸から善光寺までは往復数十キロにもなる。下駄を突っかけて往復した老婆にも脱帽である。

❖清涼寺《せいりょうじ》の釈迦如来をめぐる謎

京都嵯峨野《さがの》の清涼寺には清涼寺式釈迦如来（平安時代・国宝）という、一風変わった釈迦如来像がある。インドのガンダーラやマトゥラーなどで造られた初期の仏像の面影を残した、エキゾチックな姿をしたこの仏像は、別名、優塡王思慕像《うでんのうしぼぞう》と呼ばれている。

たとえば、ふつう釈迦如来像の髪は、ボツボツとした小さな法螺貝《ほらがい》を無数に取りつけたよ

▲清涼寺式釈迦如来

うな螺髪《らほつ》になっているのに対して、清涼寺式釈迦如来は細い縄を束ねたようになっている。これはガンダーラの仏像に見られる特徴である。また、両肩を覆った衣には細かいヒダが刻まれている。こちらは、マトゥラーの仏像に見られる特徴だ。

釈迦在世当時、インドに優塡王という国王がいて、釈迦に深く帰依していた。釈迦が悟りを開いた翌年のこと、釈迦が説法をしていると、居眠りをしたり、お喋りをしたりして、真面目に説法を聞かない人が増えた。そこで、釈迦は戒めのために姿を隠し、亡き母がいる忉《とう》利天《りてん》という天界に昇って一夏を過ごした。

釈迦の姿が見えなくなると、地上では大騒ぎになったが、とりわけ、優塡王は深い悲しみに陥り、ついには病の床に就いてしまった。これを心配した王の臣下の者が、牛頭《ごず》栴檀《せんだん》の木(香木)で釈迦の等身大の像を造らせた。そして、その像を見せると、優塡王は病から立ち直ったという。

このとき、釈迦は三六歳。つまり、この像は釈迦三六歳のときの生き写しの像で、これが仏像の起源であるというのだ。優塡王が釈迦を思慕したことから生まれたので、この像は優塡王思慕像と呼ばれるようになった。もちろん、これは伝説で、実際に仏像が造られたのは紀元一世紀の後半のことだ(第一章三七ページを参照)。

この優塡王思慕像は伝説とともに普及し、時代が下ると模刻《もこく》(同じ姿の像)が造られるようになった。そして、七世紀に玄奘三蔵《げんじょうさんぞう》がインドに行ったときには、模刻が各地に見られたという。この像に引かれた玄奘は、インドでさらに模刻を造らせ、これを唐（中国）に持ち帰った。

中国でも優填王思慕像は人気を博し、多くの模刻が造られた。平安時代に唐に留学した奝然《ちょうねん》という僧侶がこの仏像に出会い、唐で模刻を造らせて日本に持ち帰り、京都の清涼寺にまつった。わが国では清涼寺式釈迦像と呼ばれ、鎌倉時代以降、善光寺の阿弥陀如来（本章二二二ページを参照）とともに人気を呼んで、模刻が造られるようになり、全国各地に約一二〇体の清涼寺式釈迦如来像の模刻が現存する。

優填王思慕像にまつわる話はもちろん伝説で、おそらくこの様式の像の原形は、六世紀ごろに造られたものと考えられる。しかし、京都の清涼寺では、今もこれが釈迦の在世当時に造られた、きわめて珍しい像で、だからこそありがたいのだと説明している。

❖魚売りに化けた観音さま

観音のひとつに魚籃《ぎょらん》観音がある。魚籃というのは魚を入れる籠《かご》のことで、この観音はその名のとおり、魚籃を持っているのが特徴である。そして、この魚籃観音は馬郎婦《めろうふ》観音という観音と一身同体であるといわれ、中国には次のような伝説が伝えられている。

唐の時代（七世紀ごろ）、陜石《きょうせき》というところに一人の美女がいた。彼女は魚籃を提げて魚を売っていたが、その美しさに人々が競って求婚したという。彼女は観音の功徳を説いた『観音経《かんのんぎょう》』を一夜で暗記して、称えることができた者と結婚しようと言った。

すると、二〇人の者がこの課題をクリアしたので、今度は大乗仏教の真髄である空《くう》の思想を説く『金剛般若経《こんごうはんにゃきょう》』を一夜で覚えることを結婚の条件とした。そして、この課題にも一〇人が合格した。

そこで、最後に三日間で『法華経《ほけきょう》』全巻を覚えるという厳しい条件を出した。『法華経』は八巻、二十八品《ぼん》（二八章）からなる大冊で、これを三日間で暗記するというのは不可能に近い。しかし、この困難な条件を馬氏《まし》という男がただ一人クリアしたので、彼女は約束どおり馬氏と結婚した。ところが彼女は病気だといって最初から夫とは別棟に住み、間もなく死んでしまった。死後、数日経って、一人の僧侶が馬氏を訪れ、実は彼女は観音の化身で、人々を教え導くためにやって来たのだと告げたという。つまり、『法華経』を広めるためにやって来たのが、この観音だったのである。

魚籃観音は、白衣を着て魚籃を提げた姿に、あるいは大魚の背に乗った姿に造られる。毒を除く観音として信仰されるほか、その姿から鮮魚商や調理師の魚供養の本尊として信仰を集めている。

❖貧しい老婆に身をやつした清水《きよみず》観音

京都の清水寺の観音、その霊験は古くから世に知られ、さまざまな霊験譚《れいげんたん》が伝えられている。平安時代の説話集として知られる『今昔物語集』には、次のような話が載っている。

その昔、清水寺の近くにきわめて貧しい女がいた。毎日の食べ物にも事欠く有様だった女は、近くに住むやはり貧しい老婆に何くれとなく面倒を見てもらっていた。貧しい老婆からわずかな食事を分けてもらい、女はやっと命をつないでいた。

そんな極貧の生活を続けていたある日のこと、武士の一団が馬に乗って清水寺の近くを通りかかった。そして、その中の主人らしき男が女の前で馬を止めて、いきなり「私とお前がここで出会ったのは前世の因縁《いんねん》だ。この上は夫婦になって、これから赴任する遠国に一緒に行ってくれ」と言った。女は突然のことで動転したが、すぐに気を取り直して、天から降ってきたような話に狂喜した。

実はこの男、陸奥守《むつのかみ》（東国の国司）の息子で、結婚相手を探しにはるばる都までやって来たのである。

女は末永く連れ添うことを誓ったが、陸奥に赴く前に、世話になった老婆に別れの挨拶をしに行った。そして、何も持ち合わせていない女は、自分の髪の毛を少し切って老婆に与えた。すると、老婆はその髪の毛を自分の指に結んで、「この指は決してなくなることがないから、いつかこの指を頼りに尋ねてきなさい」と言った。しかし、女には老婆の言葉の意味が分からず、さめざめと泣きながら別れを告げた。

陸奥に行ってから、女は幸せな生活をしていたが、老婆のことは片時も忘れなかった。そして、数年後に上京の機会を得た女は、真っ先に老婆のいる清水を尋ねた。しかし、かつて老婆が住んでいた柴の庵《いおり》はすでに跡形もなかった。深い悲しみにとらわれた女は、茫然として清水の観音にお参りした。

そして、ふと観音の指を見ると、そこには老婆と別れるときに渡した、女の髪の毛が巻きついていた。これを見た女は、老婆が観音菩薩の化身だったことを覚った。そして、それからも清水観音を信仰して、幸せに暮らしたという。

観音菩薩はさまざまな姿に変身して、人を救うといわれている（第三章七三ページを参照）。このときは老婆に変身したのである。

❖『壺坂霊験記《つぼさかれいげんき》』の壺坂寺は目の病《やまい》を治す

浪曲や浄瑠璃《じょうるり》の「妻は夫をいたわりつ、夫は妻を慕いつつ」という名文句で知られる『壺坂霊験記』。そのゆかりの壺坂寺（奈良県高取町）は、南法華寺《みなみほっけじ》という真言宗の寺院で、観音の霊験ありとして信仰を集めている。

寺伝によれば、大宝《たいほう》三年（七〇三）、この地で修行していた僧侶が水晶の壺に入った観音菩薩を見つけ、それを坂の上に安置した。これがこの寺の始まりで、壺に入った観音を坂の上にまつったことから、通称、壺坂寺と呼ばれるようになったのである。

平安時代には桓武《かんむ》天皇や一条《いちじょう》天皇の眼病平癒にも霊験があったといい、古くから眼病平癒に霊験ありとして信仰されてきた。そして、この観音の霊験をさらに高めたのが『壺坂霊験記』のエピソードである。

かつて、壺坂寺の近くに沢市《たくいち》という盲目の男性が住んでいた。沢市の女房のお里は、夜毎、家を抜け出しては、明け方近くになって帰って来る。お里が浮気をしているのではないかと疑った沢市は、ある夜、女房の後《あと》をつけて行った。するとお里は夜道を急いで壺坂寺に行き、ここの観音に夫の目が治るようにと、一心に拝んでいた。

目は見えなくとも、その気配でお里のけなげな様子を覚った沢市は、下司《げす》な疑いを持った自分を恥じ、近くの崖から飛び降りて死んでしまったという。これを知ったお里も悲しみの余り、夫の後を追って身を投げる。ところが、しばらくして二人は息を吹きかえし、沢市の目もすっかり見えるようになる。観音菩薩が二人の純真な心に感じて、霊験を発揮したのである。

このことから、壺坂寺の観音が示す眼病平癒の霊験はさらに高まり、盛んな信仰を集めるようになったという。

❖平将門《まさかど》の乱を鎮めた成田山の不動明王

成田山新勝寺《しんしょうじ》の本尊、不動明王は関東三大不動として、古くから信仰を集めている。その信仰は現在でも根強く、初詣には数百万人が押しかけるという盛況ぶりだ。この不動明王、実は意外な経歴の持ち主なのである。

平安中期の武将、平将門は摂政《せっしょう》の位を望んだが果たせず、関東に赴《おもむ》いた。腹の虫が納まらない将門は、しきりに近隣の武将を攻め、これを服従させて強大な権力を持つに至った。そして、天慶《てんぎょう》二年（九三九）には、下総国《しもうさのくに》（現在の千葉県）に皇居を模した宮殿を建て、ここに文武百官《ぶんぶひゃっかん》をおいて、自ら天皇を名乗った。

この公然たる謀反に対して、朝廷が軍を派し、常陸《ひたち》、下総を中心に大規模な戦いとなった。これが、有名な平将門の乱である。このとき、官軍の軍勢とともに関東に運ばれたのが、京都の神護寺《じんごじ》にまつられていた不動明王だった。

そして、翌年には乱が収まったので、天皇はその霊験を称えて、国司に命じて寺を建てさせ、神護寺の不動明王をまつった。これが成田山新勝寺の起源である。

❖海中から得た弘法大師像

「厄除《やくよ》け大師」として知られる川崎大師（神奈川県）の本尊は、海から拾い上げたものだという。

平安時代末期の大治《だいじ》二年（一一二七）、もと武士で、この地で漁師をしていた平間兼乗《ひらまかねのり》という人物の夢枕に一人の僧侶が現われ、「むかし、弘法大師が唐（中国）で自ら彫った大師像を海中に投じた。その像が近くの海に沈んでいるから、それを拾い上げて供養すれば、災いが転じて福となる」と告げた。

兼乗がこの夢告に従って近くの海に網を入れたところ、弘法大師の木像が引っかかった。

これに感銘を受けた兼乗は、近くにお堂を建てて大師像をまつり、自らの姓をとって平間寺《へいげんじ》と名づけたという。

また、兼乗が大師像を得たときは四二歳の厄年だったが、この像を信心したお陰で無事に厄年を乗り切り、家運も隆盛に向かったという。このことから、この大師像を厄除け大師と呼び、その霊験が広く知られるようになった。今でも厄年を迎えた男女の参詣が多い。

❖浅草寺《せんそうじ》の創建にまつわる伝説

「浅草の観音さま」で知られる浅草寺は、観音信仰の聖地として現在でも多くの参詣客を集めている。

寺伝によれば、推古《すいこ》天皇の三六年（六二八）、檜前浜成《ひのくまのはまなり》、竹成《たけなり》という漁師の兄弟が現在の隅田川河口で漁をしていたところ、網に一寸八分（約四・八センチ）の観音菩薩像がかかった。兄弟はさっそく土地の豪族、土師真中知《はじのまつち》にこれを見せて相談したところ、真中知は自邸を改造して観音像をまつったという。これが浅草寺の起源とされている。

その後、大化《たいか》元年（六四五）には勝海《しょうかい》上人という高僧が訪れ、お堂を建て、ここに観音像をまつった。そのとき、上人は夢告により、観音菩薩を秘仏《ひぶつ》にした。以来、千数百年の間、誰もこの観音像を拝んだことがないという。

また、浅草寺の境内にあるのが、「三社祭《さんじゃまつり》」で有名な浅草神社だ。この神社には浅草寺の創建に関わった、檜前浜成、竹成兄弟と土師真中知をまつる。三人を三つの社にまつることから三社と呼ばれるのである。

❖仏師の運慶が地獄で出会った閻魔《えんま》大王

鎌倉の円応寺《えんのうじ》は、通称「閻魔堂《えんまどう》」として知られている。鎌倉時代の名仏師、運慶《うんけい》作と伝えられる閻魔大王像を中心に、十王像《じゅうおうぞう》（第八章一九九ページを参照）などが整然と並ぶ光景はまさに壮観そのものである。中尊の閻魔大王像には、次のような伝説がある。

その昔、仏師の運慶は急死して地獄に行ったという。このとき、閻魔大王は運慶が仏師として世の中に貢献してきたことを酌量《しゃくりょう》して、「もし、お前（運慶）が自分（閻魔大王）の姿を上手に彫ることができたら、一回だけ生き返らせてやろう」と言ったという。

これを聞いた運慶は二つ返事で同意し、さっそく、娑婆に帰って閻魔大王の像を造りはじめた。そして、製作中にも娑婆に帰ることができるという喜びから、終始、笑顔を絶やさなかったという。そのため、できあがった閻魔像は口を大きく開けて、笑ったような表情をしているというのである。

この伝説を聞いて閻魔像を拝観すると、どことなく笑っているようにも見える。しかし、伝説を知らなければ、やはりひときわ恐い顔に見えるのも確かだ。見る人の心の持ちようによっても、変わるのかもしれない。

❖藤原氏が独占した不空羂索《ふくうけんじゃく》観音

不空の羂索を持って、すべての人々を救うという不空羂索観音（第六章一五九ページを参照）は、インドで盛んに信仰され、早い時代に日本に伝えられた。そして、奈良時代から平安初期にかけては、数々の不空羂索観音像が造られた。東大寺や興福寺には優れた作品が残されている。

ところが、不思議なことに、平安時代も中期になると、不空羂索観音の造像はあまり見られなくなる。これは一説によると、平安時代中期に貴族の黄金時代を築いた藤原氏が、この観音を独占的に信仰したためだともいわれている。

その理由は、経典にこの観音が鹿皮の衣をまとっていると説かれていることによるという。藤原氏は春日《かすが》大社を氏神としているが、この春日大社の祭神は神鹿《しんろく》（神聖な鹿）に乗ってやって来ることで知られている。このことから、鹿皮の衣をまとう不空羂索観音は、藤原氏の守護本尊のように考えられるようになり、藤原氏が独占的に信仰するようになったのである。

そして、当時、天皇家を凌ぐ権勢を誇っていた藤原氏は、他の氏族などにこの不空羂索観音を造ることを禁じた。その結果、その信仰が閉ざされてしまったという。いずれにしても、藤原時代（平安中期）以降の不空羂索観音像が極端に少ないのは事実である。

❖秋篠寺《あきしのでら》の大元帥《だいげんすい》明王にまつわる秘密

明王の中でも、ひときわ恐ろしい顔をしているのが大元帥明王だ（第三章八九ページを参照）。この明王を日本に伝えたのは、平安時代に活躍した真言宗の小栗栖《おぐるす》常暁《じょうぎょう》という人である。常暁は空海の弟子で、唐に留学して密教を学んだ。

入唐《にっとう》前のある日、常暁はふと井戸を覗《のぞ》きこんだ。すると、そこには大元帥明王の世にも恐ろしい姿が映っていた。厳しい修行を積んでいた常暁も、あまりの恐ろしさに気絶してしまったという。

意識を取り戻してから、その姿を見たままに写し、それを持って唐に渡った。そして、唐で大元帥法という密教の秘法を授けられた。このとき、秘法の本尊の大元帥明王を拝したところ、井戸の中で見たものとまったく同じだったという。

この明王との深い因縁を感じた常暁は、大元帥明王の像をたずさえて帰朝し、奈良の秋篠寺にこれを納めた。現在でも、秋篠寺には常暁が請来《しょうらい》した四面六臂像が伝えられ、また、大元帥法を行なうときには、この寺の井戸水を使う習わしになっている。

ちなみに、大元帥法は国家の命運を決することから、秘中の秘とされていた。延暦《えんりゃく》年間（七八二～八〇六）に入唐した霊仙《りょうぜん》という僧侶は、この法を授けられたために殺されたという。このことからも、大元帥法が国の最高機密に関わるものだったことを窺《うかが》うことができる。

❖柴又《しばまた》・帝釈天《たいしゃくてん》はなぜ人気があるのか

葛飾《かつしか》柴又の帝釈天は、正式名称を経栄山題経寺《きょうえいざんだいきょうじ》という日蓮宗のお寺である。日蓮聖人が自ら板に彫ったという浮き彫りの帝釈天像を、江戸時代初期の寛永《かんえい》六年（一六二九）にまつったのが起源だと伝えられている。

この帝釈天像には「南無妙法蓮華経」の題目《だいもく》が書かれ、その脇にこの経を信仰すれば、諸々の病気はたちまち治ると記されている。これにより、創建当初からこの帝釈天は病気平癒に御利益があるとして盛んに信仰されるようになった。ところが、間もなく板絵本尊は所在不明になり、一〇〇年以上を経た安永《あんえい》八年（一七七九）、本堂の修復工事のときに屋根裏から発見された。そして、再び本尊としてまつられた帝釈天は、以前にも増して江戸庶民の信仰を集めるようになったのである。

また、発見されたのが庚申《こうしん》の日で、以来、六〇日に一度の庚申の日が、帝釈天の縁日となった。現在でも、ふだんから賑やかな帝釈天界隈は、この庚申の日にはたくさんの露店が出て賑わいを増す。

そして、病気平癒のほかにも商売繁盛や厄除、交通安全などの御利益があるとして盛んな信仰を集めている。また、参道には古くからのみやげもの屋や飲食店が軒を連ねる。

ちなみに、帝釈天は一般に護法神として他の仏像を守護する役に回るが、本尊としてまつられることは、きわめて珍しい。詳細は分からないが、帝釈天を本尊とするお寺は、題経寺ぐらいかもしれない。

《参考文献》

『仏教通史』（平川彰著、春秋社）
『インド仏教史』（平川彰著、春秋社）
『新・仏教辞典』（中村元監修、誠信書房）
『南無仏陀』（町田甲一著、保育社）
『仏教・インド思想辞典』（早島鏡正監修、春秋社）
『仏像』（高田修著、岩波書店）
『仏像――イコノグラフィ』（町田甲一監修、岩波書店）
『仏教要語の基礎知識』（水野弘元著、春秋社）
『日本史年表・地図』（児玉幸多編、吉川弘文館）
『私の法隆寺案内』（高田良信著、日本放送出版協会）
『大正新修大蔵経』図像部
『仏像がよくわかる本』（瓜生中著、ＰＨＰ研究所）
『知識ゼロからの仏像鑑賞入門』（瓜生中著、幻冬舎）
……ほか

切りとり線

★読者のみなさまにお願い

この本をお読みになって、どんな感想をお持ちでしょうか。祥伝社のホームページから書評をお送りいただけたら、ありがたく存じます。今後の企画の参考にさせていただきます。また、次ページの原稿用紙を切り取り、左記まで郵送していただいても結構です。

お寄せいただいた書評は、ご了解のうえ新聞・雑誌などを通じて紹介させていただくこともあります。採用の場合は、特製図書カードを差しあげます。

なお、ご記入いただいたお名前、ご住所、ご連絡先等は、書評紹介の事前了解、謝礼のお届け以外の目的で利用することはありません。また、それらの情報を6カ月を超えて保管することもありません。

〒101―8701（お手紙は郵便番号だけで届きます）
祥伝社新書編集部
電話03（3265）2310
祥伝社ホームページ　http://www.shodensha.co.jp/bookreview/

★本書の購買動機（新聞名か雑誌名、あるいは○をつけてください）

＿＿＿＿新聞の広告を見て	＿＿＿＿誌の広告を見て	＿＿＿＿新聞の書評を見て	＿＿＿＿誌の書評を見て	書店で見かけて	知人のすすめで

★100字書評……仏像はここを見る

名前

住所

年齢

職業

瓜生　中　うりゅう・なか

1954年、東京都生まれ。早稲田大学大学院修了。東洋哲学専攻。仏教・インド思想の研究、執筆活動を精力的に行なっている。カルチャーセンターでの講演でも、中高年を中心に人気を博す。寺巡り、仏像鑑賞巡りは、一時のブームではなく、すっかり定着している。著書に『なるほど仏教入門』『知識ゼロからのお寺と仏像入門』『古寺社巡りの楽しみ』『やさしい般若心経』など多数がある。

仏像《ぶつぞう》はここを見《み》る

鑑賞なるほど基礎知識

瓜生《うりゅう》　中《なか》

2005年11月5日　初版第1刷発行
2009年8月10日　第6刷発行

発行者……………竹内和芳
発行所……………祥伝社しょうでんしゃ
〒101-8701　東京都千代田区神田神保町3-6-5
電話　03(3265)2081(販売部)
電話　03(3265)2310(編集部)
電話　03(3265)3622(業務部)
ホームページ　http://www.shodensha.co.jp/

装丁者……………盛川和洋
印刷所……………萩原印刷
製本所……………ナショナル製本

Printed in Japan ISBN4-396-11024-3 C0271

充実人生をサポートする
★祥伝社新書★

022★
浦島太郎は、なぜ年をとらなかったか アインシュタインと遊ぶ
天才科学者たちの「思考実験」に挑戦！
広島大学大学院急需 山下芳樹
科学ジャーナリスト 白石 拓

023★
だから歌舞伎はおもしろい
作家つかこうへい氏絶賛！ アウトサイダーだから書けた目からウロコの新・歌舞伎案内
演劇評論家 富澤慶秀

024★
仏像はここを見る 鑑賞なるほど基礎知識
仏像の成り立ちから見分け方、仏像別御利益まで、豊富な図版で分かりやすく解説
仏教研究家 瓜生 中

025★
メロスが見た星 名作に描かれた夜空をさぐる
流星、彗星、天の川、名月そしてプラネタリウム……。主人公たちを魅了した星空を見つけよう
都立高校教諭 鮏名 博
漫画家 えびなみつる

026★
村が消えた 平成大合併とは何だったのか
消滅する集落、壊れる自治……。国から見放された「地方」が生きのびる道は——
朝日新聞記者 菅沼栄一郎